Dennis Ehrmann

STUDY SMART, NOT HARD!

Der Ratgeber für Bestnoten und mehr Freizeit im Zeitalter der Ablenkungen

Effiziente Lerntechniken und Lernmethoden für Schüler und Studenten

Herausgegeben von Dieter Wilk

D&D Verlag

Bibliografische Information der Deutschen Nationalbibliothek

Die Deutsche Nationalbibliothek verzeichnet diese Publikation in der Deutschen Nationalbibliografie. Detaillierte bibliografische Daten sind im Internet über http://dnb.d-nb.de abrufbar.

Study smart, not hard! Der Ratgeber für Bestnoten und mehr Freizeit im Zeitalter der Ablenkungen - Effiziente Lerntechniken und Lernmethoden für Schüler und Studenten

1.Auflage

Vorwort

Das Zeugnis liegt auf dem Tisch, ein Eignungstest muss bewältigt werden oder eine Prüfung steht an. Meist sind es ganz konkrete Ereignisse, die dich vor Herausforderungen stellen und grundlegende Fragen aufwerfen. „Was will ich im Leben erreichen?“, ist eine solche Frage. Den meisten ist sie zu groß – sie kennen sie von Eltern und Lehrern, sie erzeugt Widerwillen und Angst.

Ganz anders geht es dir, wenn du dir die Frage stellst: „Will ich die Prüfung bestehen?“ Die meisten werden mit einem klaren „Ja“ antworten. Ebenso ist es mit der Frage nach guten Zensuren oder einem Eignungstest, der mit Erfolg bestanden werden will. Das Gefühl beim Beantworten der Frage ist ein anderes. Ein einfacher **Perspektivwechsel** hat genügt, um deine Einstellung zu der bevorstehenden Aufgabe zu verändern.

Herausforderungen beim Lernen sind nicht einfach mit Faulheit oder Unfähigkeit abzutun. Es sind komplexe Problematiken, die mit vielen allgemeinen Fragen und Konstellationen verbunden sind. Einige davon kannst du individuell beeinflussen, andere nicht. Um zu erkennen, was zu tun ist, solltest du die Situation gründlich analysieren. Das klingt kompliziert, ist aber ganz einfach. Zwei Ebenen sind abzuchecken:

1. Deine eigene Konstitution

2. Dein engeres und weiteres Lernumfeld

Kennst du die organischen Voraussetzungen und weißt, wie Lernprozesse ablaufen, kannst du dich besser auf das Lernen einstellen und deine Lernsituation optimieren. Dazu gehört es, den eigenen **Lerntyp** zu erkennen und adäquate Lerntechniken und -strategien zu entwickeln

Denn nicht jede Art des Lernens passt zu einem, und bereits Kleinigkeiten können über Erfolg und Misserfolg entscheiden.

Viele kennen das **Aufschieben**. Es ist ja noch Zeit. Anderes ist wichtiger. Verhinderungen werden künstlich erzeugt, bis es eindeutig zu spät ist. Einige geben dann mit fadenscheinigen Erklärungen auf, andere suchen nach Schuldigen, und wiederum die Nächsten versuchen, den Stoff noch ganz schnell zu lernen. Der Erfolg bleibt aus. Diese unbewusste Taktik hat einen wissenschaftlichen Namen – Prokrastination – und viele verschiedene Ursachen. Du kannst systematisch etwas dagegen unternehmen und lernen, dich auf deine Aufgaben zu konzentrieren.

du hast intensiv gelernt und bist gut vorbereitet, doch plötzlich bricht Panik aus. Der Prüfungstermin rückt immer näher. Du wirst immer aufgeregter und konzentrierst dich statt auf den Lernstoff immer mehr auf deine Angst. **Prüfungsangst** ist eine Falle, die wie eine Ausrede vor dir selbst wirkt. Gegen die Angst vor Prüfungen und Tests lässt sich etwas unternehmen. Es ist eine Frage der Konditionierung, die du selbst in der Hand hast. Die Frage ist ganz einfach: Wer soll über dich bestimmen – eine diffuse Angst oder du selbst? Prüfungsangst hat Gründe. Erkennst du diese und gehst sie richtig an, kannst du sie bewältigen.

Schlechte Erfahrungen, ungünstige Voraussetzungen oder ein Übermaß an Lernstoff können demotivieren. Damit werden Prozesse in Gang gesetzt, die es dir erschweren, dein Ziel zu erreichen. Du brauchst unglaublich viel Energie, um gegen deine **Demotivation** anzukämpfen. Müdigkeit, Nervosität und gedankliche Ablenkung hindern dich daran, erfolgreich zu lernen.

Kennst du die Quellen deiner Demotivation, kannst du eine Gegenstrategie entwickeln. Schlechte Erfahrungen müssen sich nicht wiederholen, ungünstige Voraussetzungen lassen sich verändern oder als Antrieb interpretieren, ein Übermaß an Lernstoff lässt sich einteilen.

Es gibt Menschen, die in das eigene **Versagen** verliebt sind. Sie fürchten sich vor Veränderungen. Denn Versagen ist bequem. Es folgt nichts daraus. Du kannst dich einfach fallen lassen und dich mit deiner Situation abfinden.

Kennst du solche Stimmungen? Auch diese haben Ursachen. Entdeckt man den Grund, kann man etwas dagegen tun und die Verliebtheit ins Versagen überwinden. Das kostet dich weniger Zeit und Kraft, als du glaubst.

Ganz ähnlich ist es mit Versagensängsten. Sie können einen bestimmen und wie eine **selbsterfüllende Prophezeiung** wirken. Für den Großteil der Menschen nehmen selbsterfüllende Prophezeiungen immer eine negative Richtung ein.

Hast du dich einmal gefragt, ob es auch andersherum geht? Eine positive selbsterfüllende Prophezeiung ist eine starke Kraft, die dir tatsächlich Erfolg bringen kann. Wie du damit arbeitest, wirst du im späteren Teil dieses Buches erfahren.

In diesem Buch erfährst du, welche **Lerntechniken und Lernstrategien** es gibt und wie du sie erfolgreich anwendest. Durch eine bewusste Analyse deiner momentanen Situation kommst du zu einer gezielten Vorgehensweise, mit der du deine Lernprozesse optimieren, deine Zensuren verbessern und deine Prüfungen erfolgreich bestehen kannst.

Zeitmanagement und eine realistische **Planung** gehören zu den grundlegenden Fähigkeiten, die sich nicht allein auf das Lernen reduzieren lassen. Sie sind essenziell bei allen Vorhaben deines Lebens. Grund genug, sich rechtzeitig in der Schule oder im Studium damit zu befassen und so den Grundstein für ein erfolgreiches, glückliches Leben zu legen. Zeitmanagement ist mehr als die Einteilung von Lernstoff oder die Planung eines Tages. Zeitmanagement ist ein flexibles Prinzip, das du in deinem ganzen Leben immer wieder anwenden kannst.

Wenn du dich mit der **Effizienz** beim Lernen durch Lernstrategien und Techniken befassen willst, bist du auf einem guten Weg. Du hast erkannt, wie wichtig der Faktor Zeit ist. Du bist nicht eindimensional auf den Lernstoff allein fixiert, sondern hast bereits verstanden, dass es um Effizienz geht: du willst mit der eingesetzten Menge an Zeit und Energie möglichst viel erreichen. Das bedeutet auch, dass du nicht auf **Freizeit** verzichten musst. Du sollst das sogar nicht tun, denn Pausen und bewusste Ablenkungen haben einen Sinn – sie machen den Kopf frei und geben dir die Möglichkeit zur **Entspannung**, die der erneuten Anspannung zwingend vorausgeht.

Während der Beschäftigung mit diesem Buch wachsen deine Erfolgsaussichten. Du wirst erkennen, welcher Lerntyp du bist. Dir wird deutlich werden, was ein Perspektivwechsel bewirkt und wie du ihn für dich nutzen kannst. Du lernst, mit Verhinderungen umzugehen und Prüfungsangst zu bewältigen. Statt dich auf Demotivation und Versagen zu fokussieren, kannst du dich, deine Kraft und deine Energie positiv ausrichten und selbsterfüllende Prophezeiungen für dich nutzen.

Lerntechniken und Lernstrategien sind Anleitungen und Wegweiser für ein erfolgreiches Lernen und Bewältigen von Herausforderungen. Wenn du deinen Lernbegriff über Schule und Studium hinaus erweiterst, kannst du das Potenzial abschätzen und deine eigenen Fähigkeiten besser einsetzen.

Erfolg ist im Ganzen gesehen kein Zufall, sondern planbar. Alles, was du machen musst, ist anfangen.

Inhaltsverzeichnis

1. Voraussetzungen für ein konzentriertes Lernen schaffen

Noch vor einigen Jahrzehnten gab es kein Radio in jedem Raum, Alexa und Siri waren unbekannt und im Fernsehen war der Sendeschluss üblich, der auf der überschaubaren Anzahl von Programmen bis in den Mittag hinein anhielt.

Ein Konsumieren von Geräuschen, Bildern und Eindrücken rund um die Uhr war nicht möglich.

Dann setzte in den 1980er-Jahren der Boom der Medien ein. Seitdem wird rund um die Uhr Musik gespielt, laufen auf vielen Sendern nonstop Filme und Werbung, trägt jeder ein Handy bei sich, mit dem er ständig erreichbar und präsent ist. Der Verlust des mobilen Endgeräts gilt als Therapie- und Krankschreibungsgrund, man spricht von Nomophobie (No-Mobile-Phone-Phobia) und Mobile and Internet Dependency Syndrome (MAIDS) (Handy- und Internetabhängigkeit).

Der ständige Einfluss der Medien zieht eine permanente bewusste oder unbewusste Auseinandersetzung mit Smartphone & Co nach sich. Es ist selbst auf dem Land kaum noch möglich, medienfreie Bereiche zu finden. Das hat Folgen, die sich in einem Mangel an Konzentration und einer ständig latenten Anwesenheit äußern, die Menschen psychisch und physisch belasten. Intensives Lernen wird dadurch erschwert.

Kennst du den ständigen Griff zum Handy auch? Fällt es dir schwer, dich tatsächlich zu konzentrieren und Lernzeit effizient zu nutzen? Wenn du deine Situation hinterfragst, kannst du deine Lernumgebung so optimieren, dass du in der vorgegebenen Zeit mehr und besser lernst und auch noch ausreichend Zeit für anderes bleibt.

1.1 Wie funktioniert Lernen überhaupt?

Lernen ist ein komplexer Vorgang. Wissenserwerb funktioniert nicht nach dem Trichterprinzip, und ein Gehirn ist keine Maschine. Man kann es nicht einfach füttern und annehmen, dass das Gelernte verinnerlicht wird. Lernen hat auch nicht vorrangig etwas mit Begabt- oder Unbegabt-Sein zu tun. Lernen ist ein Prozess, der trainiert werden kann. Du selbst kannst deine Lernfähigkeit in jedem Bereich entwickeln.

Egal, an welchem Punkt du in deiner Bildungslaufbahn stehst, ob du noch zur Schule gehst oder schon mitten im Studium bist und für die Abschlussprüfungen büffelst, ob du mäßige oder großartige Erfolge vorweisen kannst, du hast bereits viel gelernt. Von klein auf nehmen wir trotz aller Hindernisse und Ablenkungen Wissen auf und setzen es um. Es bilden sich Strukturen in unserem Hirn, die unser Denken steuern und leiten. Stehen wir in bestimmten Gebieten gut im Training, können wir schnell reagieren und es fällt uns leicht, Neues mit Bekanntem zu verknüpfen.

Einige haben bessere Voraussetzungen, andere weniger gute. Das entscheidet allerdings nur bedingt über den tatsächlichen Lernerfolg. Soziale Komponenten spielen eine Rolle, sind aber nicht unbedingt entscheidend. Jemand, der in einem fürsorglichen, materiell gut ausgestatteten Elternhaus aufwächst, scheint zunächst bessere Chancen zu haben als jemand, der aus prekären Verhältnissen stammt, in denen er nur unzureichend gefördert wird. Doch die Startbedingungen lassen sich ausgleichen. Du kannst das mit Beispielen aus dem Sport vergleichen. Unzureichende Ausgangsbedingungen können durch Anstrengung und Training zu herausragenden Leistungen und erst recht zu einem guten Ergebnis führen.

Die Ausbildung der Lernfähigkeit ist ein Trainingsergebnis, bei dem sich durch Wiederholung und Anwendung Strukturen im Gehirn bilden. Das geschieht speziell im Hippocampus, einem doppelt angelegten Gehirnteil, der sich etwa parallel zu den Schläfen im Inneren des Kopfes befindet. Dieser Hippocampus ist für das Erinnern und Merken zuständig. Hier findet die Transformation vom Kurzzeit- ins Langzeitgedächtnis statt.

Das Entstehen von Strukturen und verfestigten Leitungen über die Synapsen, die Nervenzellen, kannst du dir wie beim Drehen eines Seils vorstellen: Je mehr Fäden du dazugibst, desto stabiler wird der Strang.

Der Hippocampus verarbeitet in jedem Lebensalter Informationen. Du kannst also auch als Erwachsener immer wieder neue Erinnerungsareale bilden. Gleichzeitig ist der Hippocampus jedoch störanfällig. Er verringert seine Größe und Aktivität

- bei Stress
- bei Depressionen
- unter Alkohol- und Rauschmitteleinfluss

Der Hippocampus gehört zum limbischen System. Damit steht er in engem Zusammenhang mit der Amygdala, dem Mandelkern. Dieser Teil des Gehirns ist für Angst und Fluchtreize zuständig. Das flaue Gefühl vor dem ersten Tag im Praktikum oder vor Prüfungen kommt von der ebenfalls paarig angelegten Amygdala. Sie möchte die Komfortzone bewahren und scheut jede Veränderung.

Das Mandelkern-Organ kann zu einem Gegenspieler werden, der das Lernen stört und dich daran hindert, Veränderungen vorzunehmen. Lernen löst leicht negative Emotionen aus. Schlechte Erfahrungen verbinden sich mit Lernprozessen und werden erinnert. Setzt du dich dann mit einem Buch hin, sind deine ersten Reaktionen Abwehr, Unlust oder sogar Angst. Der Stress beginnt, bevor du überhaupt die erste Seite durchgearbeitet hast. Du spürst Müdigkeit und hältst dich selbst für einen Versager. Meinungsäußerungen der Außenwelt kommen hinzu, du giltst als faul. Damit hat sich ein enormer emotionaler Ballast angesammelt, der all deine Energie frisst. Du steckst in einem Teufelskreis, denn alles, was du dir merkst, ist, dass Lernen unendlich schwer und anstrengend ist. Genau das muss geändert werden, damit du erfolgreich lernen kannst.

1.2 Mentale Voraussetzung: Die Einstellung zählt

Erfahrungen werden zu Mustern, nach denen man sich richtet und die Reaktionen bestimmen. Erwarten wir etwas Positives, freuen wir uns. Es fällt uns leicht, Termine einzuhalten, wir sind voller Energie, jede Spur von Müdigkeit ist wie weggeblasen.

Steht uns etwas Unangenehmes bevor, reagieren die meisten genau umgekehrt: Sie werden wütend oder sind deprimiert. Sie „vergessen" Termine, verharren in einer Anti-Haltung oder bekommen kein Wort heraus. Sie fühlen sich matt, müde und kraftlos oder reagieren aggressiv. Doch das ist alles nicht zielführend, sondern wirkt als Blockade.

Lernen verbinden die meisten Menschen mit negativen Erfahrungen. Sie haben Angst, zu versagen, oder empfinden Lernen als langweilig. Dabei gab es eine Zeit in ihrem Leben, in der sie voller Forscherdrang und Neugier waren: Jedes Baby ist aufgeweckt und neugierig. Es sammelt voller Energie Erfahrungen, möchte sich unbedingt aufrichten, die ersten Schritte tun, dabei sein. Diese enorme Leistung lässt sich nur mit einer positiven Grundeinstellung bewältigen. In dieser Phase sind Kinder noch ganz frei und setzen trotz vieler Hindernisse und Rückschläge ihre „Projekte" erfolgreich um.

Die mentale Einstellung ist entscheidend für die Aufnahme von Wissen, für das Speichern und das erfolgreiche Wiedergeben und Anwenden. Sie ermöglicht es, aktiv zu handeln, Hindernisse zu bewältigen und sich durchzusetzen. Wer etwas wirklich will, findet einen Weg. Positive Emotionen begünstigen die Aufnahme von Wissen im Hippocampus.

Schaust du dir deine eigene Einstellung zum Lernen an, erkennst du womöglich, dass du genau diese „Symptome" zeigst:

- Unlust
- schnelle Ermüdung
- endloses Arbeiten, ohne dass etwas hängenbleibt

- Aggression

Selbst wenn du dir vornimmst, deine Aufgaben rechtzeitig zu erledigen, scheiterst du oder bist fix und fertig. Es gibt keinen Grund zur Resignation: Einstellungen kann man ändern. Auch eingefahrene Muster lassen sich aufbrechen und ersetzen. Dazu musst du das Lernen mit positiven Emotionen verknüpfen.

Erfolgserlebnisse wecken solche positiven Emotionen. Dazu musst du zunächst ein Ziel benennen. „Besser Lernen" ist ein großes Konzept, unter dem man sich schwer etwas Konkretes vorstellen kann. Schau dir lieber deine Fächer an. Such dir ein für dich mittelschweres Fach, in dem du deine Leistungen verbessern willst. Wie machst du das am besten? Vorbereitung und Hausaufgaben spielen eine Rolle. Sind Lücken aufgetreten, nimm dir nicht vor, den gesamten Stoff in einer Woche nachzuholen. Die Zauberformel heißt: Kleine Schritte!

Zeichne dir einen Plan in Form eines Erfolgsbildes. Typabhängig kannst du dich für eine einfache Tabelle entscheiden, oder du malst dir selbst ein richtiges Bild. Du kannst ein Haus zeichnen oder einen Himmel mit einer großen Sonne. Bei einer Tabelle notierst du alle Hausaufgaben, die für dieses eine Fach zu erledigen sind. In der Woche ergänzt du die Tabelle fortlaufend. Bei deiner Häuserzeichnung kannst du die Aufgaben als Fenster zeichnen oder als Strahlen der Sonne.

Du arbeitest immer parallel: du schreibst die Aufgabe auf und notierst daneben die Erledigung. Teile dir auch den nachzuholenden Stoff in Minischritte ein.

Wichtig ist, dass du deinen Erfolg visualisierst: Für jede erledigte Aufgabe gibt es ein Sternchen oder etwas, das zu deinem Bild passt.

Halte die Bearbeitung des Erfolgsbildes eine Woche durch, bevor du das erste Mal Bilanz ziehst. Arbeite jeden Tag etwa zur gleichen Zeit, sodass du eine Routine aufbaust.

Was passiert? Es ist wie beim Training: du beginnst mit kleinen Schritten und bewältigst diese erfolgreich. Anfangs fällt es dir schwer, später wird es immer leichter, je mehr Muskeln und Kondition du aufbaust. So verändert sich schrittweise deine Einstellung zum Lernen. Es beginnt, Spaß zu machen, und du siehst erste Erfolge.

1.3 Empowerment

Um erfolgreich arbeiten und deine eigenen Ziele definieren zu können, musst du dein Leben selbst in die Hand nehmen wollen. Während Pubertät, Ausbildung und Studium rutscht man nicht selten in eine Oppositionshaltung, die eines verkennt: Bildung ist kein Zwang, sondern ein Privileg. Sie ist der Schlüssel zu einem selbstbestimmten Leben.

Wenn du Schule und Studium als Fremdbestimmung begreifst, die sich gegen dich und deine Interessen richtet, liegst du falsch und versuchst, dich selbst aus der Verantwortung zu ziehen. Dein Leben gestaltest du selbst. Um deine Abschlüsse musst du dich alleine kümmern. Die Anforderungen wirst du nicht ändern können. Wenn du deine Ziele erreichen willst, musst du selbst dafür sorgen, die erforderlichen Aufgaben zu lösen.

Solange du dich dagegenstellst, bleibst du in einem Abhängigkeitsverhältnis, das sich immer mehr überlebt und mit der Zeit immer unangenehmer wird.

Förderlicher ist es, wenn du nicht passiv bleibst, sondern aktiv deine Aufgaben angehst. Selbstbestimmung in deinem Leben kannst du nur erlangen, wenn du beizeiten zum Akteur in eigener Sache wirst. Du musst eigenverantwortlich entscheiden. Das ist ein großes Plus für dein Selbstbewusstsein, und es ändert auch deine Einstellung zum Lernen. Wenn du erkennst, dass du selbst für dich etwas verändern und bewirken kannst, erlebst du das als positiven Impuls, der sich auf dein Lernen auswirkt. Es entsteht eine positive Vorwärtsbewegung anstelle der ehemaligen Abwärtsbewegung: Viele Faktoren greifen ineinander, be- und verstärken sich gegenseitig und führen zu einem entsprechenden Ergebnis. Das Vorzeichen setzt du durch deine Einstellung.

Zur Selbstermächtigung gehört auch, zu erkennen, wann man Hilfe braucht und wie man diese für sich selbst nutzt. Betrachte Lehrer, Unterricht, Vorlesungen, Seminare und Tutorien als Ressourcen, die du für dich nutzen kannst. Nimm dir vor, Fragen zu stellen und so viel wie möglich aus einem Seminar mitzunehmen. Beginne wiederum in einem Fach, das du als mittelschwer empfindest. Wenn du sehr schweigsam und zurückhaltend bist, fange damit an, eine Frage pro Stunde zu stellen.

Du wirst staunen: Während du vorher gelangweilt warst und es dir schwerfiel, dich auf den Lehrenden zu konzentrieren, und du rasch müde wurdest, beginnt dich der Unterrichtsstoff auf einmal zu interessieren. Indem du dich in das Geschehen einbringst, setzt eine Dynamik ein, mit der du am Ball bleibst, mehr lernst und dich gleichzeitig wacher fühlst.

Dabei ist es wichtig, dass du deine Ziele formulierst und weißt, was du willst. So schaffst du eine emotionale Basis für die Bereitschaft zum Lernen. Du beginnst, auftretende Schwierigkeiten als Herausforderungen zu begreifen, die dir helfen, dich selbst zu trainieren.

Mit diesem Perspektivwechsel vom Objekt, das beschult wird, zum Subjekt, das die Angebote von Schule und Universität aktiv nutzt, ändert sich deine gesamte Haltung, und alte Muster werden nachhaltig durch positiv wirkende ersetzt.

1.4 Lebensführung und Konstitution

Entscheidenden Einfluss auf dein Lernpotenzial und deine Psyche hat deine körperliche Verfassung. Ungesunde Ernährung, zu wenig Schlaf und Mangel an Bewegung wirken sich ungünstig aus. Oft trifft es auch bemühte Lernende: Sie führen an, dass sie keine Zeit für Sport, Schlaf und ausgewogenes Essen hätten. Gleichzeitig stellen sie fest, dass der gewünschte Erfolg trotz ihrer Arbeit ausbleibt. Der Trugschluss, dass man einfach nicht mehr leisten könne, basiert nicht auf den tatsächlichen Lernmöglichkeiten, sondern auf einer ungesunden Lebensführung und einem falschen Zeitmanagement.

Tatsächlich ist es sinnvoll, sich einmal ehrlich mit dem eigenen Tagesablauf zu beschäftigen. Dazu nimmst du dir ein Blatt Papier und schreibst einmal einen ganzen Tag lang auf, was du von morgens bis abends tust. Notiere auch die Zeiten, die du fürs Aufstehen, Frühstücken, deine Wege zur Uni oder Schule, deine Freizeitbeschäftigungen und das Lernen brauchst.

Wiederhole die Prozedur am nächsten Tag. Nimm dir dann beide Zettel vor und schau dir deinen Tagesablauf an. Die meisten Menschen kennen ihre Zeitreserven gar nicht. Sie geraten einerseits in Stress, während sie andererseits buchstäblich Zeit verlieren.

Du wirst feststellen, dass du ausreichend Zeitpotenzial hast. An der Zeit liegt es also nicht, wenn du Raubbau an deiner Gesundheit betreibst.

Du solltest jede Nacht etwa acht Stunden schlafen. In dieser Zeit kann dein Körper sich ausruhen und Kraft sammeln. Das gilt auch für dein Gehirn. Deine Mahlzeiten sollten ausgewogen sein. Vitamine und Mineralstoffe sind wichtig. Verabschiede dich möglichst von Fast Food und einem Zuviel an Süßigkeiten. Achte vor allem auch auf Getränke. Hierbei gilt es Süßgetränke eher zu meiden und stattdessen Wasser oder Tee zu bevorzugen.

Verschaff dir ausreichend Bewegung. Nimm öfter einmal das Fahrrad oder gehe zu Fuß. Nutze Lernpausen, um an die frische Luft zu kommen.

Lass dich von deinem Hausarzt unterstützen. Nicht selten tritt Vitaminmangel auf – gerade in den dunklen Jahreszeiten. Hier kann ein Check-up helfen und wichtige Hinweise geben.

Genial fürs Gehirn sind tatsächlich Yoga und Meditation. Dazu musst du nicht an einem Kurs teilnehmen. Viele Basics lassen sich auch im Internet finden. Einzelne Yoga-Übungen lassen sich gut in die morgendliche Routine integrieren. Eine Achtsamkeitsmeditation ist nichts anderes als die Konzentration auf das Hier und Jetzt. Statt beim Möhrenschneiden an die Mathe-Aufgaben zu denken, solltest du tatsächlich deine gesamte Konzentration auf die Möhren, das Messer und deine Schneidebewegungen richten.

Solche einfachen Übungen sind wie Gehirn-Jogging. Sie unterstützen dich beim Ausbilden deiner Konzentrations- und Lernfähigkeit, erhöhen deine Resilienz (die psychische Widerstandskraft), bauen Stress ab und führen zu einer Stärkung der Hippocampus-Region. Doch Achtung! Unterschätze diese Art von Übungen nicht. Sie sind gar nicht so einfach, denn in der Regel schweifen unsere Gedanken nämlich stark ab.

1.5 Raumgestaltung

Was hat die Gestaltung eines Zimmers mit dem Lernerfolg zu tun? Sehr viel! Dabei geht es nicht um Feng Shui oder eine spezielle Ausstattung, sondern einfach um eine klare Anordnung in deinem Raum und an dem Platz, an dem du arbeitest.

Ein ordentliches Arbeitsumfeld ist nicht unbedingt von der Größe oder Lage eines Raumes abhängig. Es geht vielmehr um die Fähigkeit, sich seinen Arbeitsplatz einzurichten. Das kannst du praktisch überall.

Argumente wie „Mein Zimmer ist zu klein!“, „Mir fehlt ein Schrank!“ und „Ich habe keinen Platz!“ sind meist Ausflüchte. Wie bei der Suche nach den Zeitpotenzialen sollest du hier ehrlich zu dir sein. Selbst auf fünf Quadratmetern lässt sich lernen. Die Frage ist, ob du wirklich lernen willst.

Schau dich in deinem Zimmer um und nimm dir am besten wieder ein Stück Papier. Überprüfe deine Einrichtungsgegenstände und deinen Besitz: Was brauchst du? Was nutzt du? Sortiere Ballast aus.

Das Drei-Kisten-System hilft dir dabei: In die erste Kiste kommt alles, von dem du dich definitiv trennst. In die zweite Kiste kommen die Dinge, die du zunächst noch aufbewahren willst und die auf dem Speicher, in der Kammer oder dem Korridor abgestellt werden. In die dritte Kiste kommt alles, was du brauchst und wofür du einen festen Platz finden musst.

Gestalte deinen Raum so, dass sich ein möglichst klares, nutzbares System ergibt. Du kannst dabei auch mit Regalen und Vorhängen arbeiten. Teure Schränke oder Ähnliches sind nicht notwendig. Wichtig ist, dass keine Ablenkung entsteht.

Unordnung und Chaos führen in der Regel zu Störungen, die Zeit kosten. Gleichzeitig schweifen die Gedanken permanent ab. Ein klar gestalteter Raum lädt dich zur konzentrierten Arbeit ein. Dabei gibt es ein weiteres Plus: Aufräumen und Saubermachen nehmen in Zukunft weniger Zeit in Anspruch.

Wichtig ist, dass du einen Tisch hast, an dem du gut und bequem sitzen kannst. Eine gute Investition kann ein ergonomischer Schreibtischstuhl sein. Die Lichtverhältnisse sollten stimmen. Das Zimmer sollte hell sein und sich gut lüften lassen.

Liegt der Raum an sich ungünstig, arbeite mit hellen Farben und achte besonders auf die Ausleuchtung und die Wahl der Leuchtmittel.

Reserviere ein Regal ausschließlich für deine Lehrbücher und Unterlagen. Schaff dir ein übersichtliches Ablagesystem, sodass du nicht lange suchen musst und bereits intuitiv weißt, welche Aufgaben zuerst erledigt werden müssen, damit sie dann abgeheftet werden können.

Achte auch auf Ordnung in deinem Rechner. Am besten gleichst du beide Systeme regelmäßig miteinander ab. So behältst du den Überblick.

1.6 Selbstdisziplin und Achtsamkeit

Disziplin hat einen schlechten Ruf. Sie wird mit Macht und Fremdbestimmung assoziiert. Doch wirfst du einen Blick auf den Sport, schaust du dir Biographien von erfolgreichen Menschen an, blickst du dich in deinem Umfeld um, erkennst du schnell, dass es ohne Disziplin nicht geht.

Das lateinische disciplina wird tatsächlich mit „Lehre“ und „Schule“ übersetzt. Wenn du dir vergegenwärtigst, dass Schule auch als Dienstleistung gesehen werden kann, die du für dich nutzt, bekommt Disziplin bereits eine andere Färbung. Wenn du „Lehre“ nicht nur als „Belehren“ verstehst, sondern als Angebot an dich, etwas Neues zu „erlernen“, verändert sich deine eigene Haltung durch den Perspektivwechsel zum Positiven. Daher ist es besser, sich mit dem Begriff Selbstdisziplin zu befassen. Hier steht eindeutig dein handelndes Ich im Mittelpunkt.

Selbstdisziplin kann man lernen und trainieren. Sie kann als eine Form von Empowerment gesehen werden, die es dir durch das Einhalten von Regeln ermöglicht, deine Ziele zu erreichen. Disziplin bedeutet in dem Fall, dass du die Zügel selbst in die Hand nimmst und tatsächlich über dich und deine Ressourcen und Möglichkeiten bestimmst.

Gehst du schrittweise vor und hast zum Beispiel bereits deinen Lernraum eingerichtet und gestaltet, hast du bereits Selbstdisziplin gezeigt. Das Einhalten von Ordnung und Terminen und die bewusste Hierarchisierung deiner Bedürfnisse und Wünsche basieren auf Selbstdisziplin.

Deine Disziplin kannst du durch Training stärken. Setze nicht beim großen Ganzen an, sondern beginne wiederum mit kleinen Schritten. Belohne dich, wenn du es eine Woche lang durchgehalten hast, in einem Fach regelmäßig deine Hausaufgaben zu erledigen. Damit schaffst du dir positive Erlebnisse. Lernen und Disziplin werden mit diesen positiven Gefühlen verknüpft, und alles fällt dir wesentlich leichter.

Achtsamkeit ist gerade in. Der Begriff bedeutet einfach, dass du tatsächlich im Moment lebst und deine Bedürfnisse ernst nimmst. Kurioserweise werden diese Bedürfnisse leicht mit Ablenkung und Konsum verbunden, während Lernen, Ruhe und Konzentration als negative Forderungen abgelehnt werden.

Hier gilt es, ganz bewusst einen Perspektivwechsel vorzunehmen. Zum Teil hast du das bereits gemacht, indem du tatsächlich einmal notiert hast, was du tagsüber tust, indem du erkannt hast, welche Macht Selbsttäuschung hat, indem du dein Zimmer auf- und umgeräumt hast. Du erlebst dich selbst als glücklicher und stressfreier, wenn du lernst, dich auf den Moment und das Hier und Jetzt zu konzentrieren. Du wirst dann zum Beherrscher deiner Gedanken und kannst sie lenken. Das überträgt sich auf deine Fähigkeit, dem Unterricht zu folgen und Lernzeit zu Hause tatsächlich als Lernzeit zu nutzen.

1.7 Vom Umgang mit Smartphone, Laptop & Co.

Sie gelten als große Heilsbringer. Von der Digitalisierung des Lernens ist die Rede. Gamification heißt der Slogan beim computergestützten Lernen. So manche App verheißt wahre Wunder. Angeblich werden jugendliche Lerner dort abgeholt, wo sie sind.

Der Haken dabei ist nur, dass die Geräte einem das Lernen nur scheinbar abnehmen. Mit Copy-and-Paste lernt niemand eine Sprache, und auch mathematische Fähigkeiten bilden sich so nicht aus. Der Trugschluss basiert abermals darauf, dass das Lernen als negativ stigmatisiert wird. Man muss das Ganze spaßhaft verpacken, damit es überhaupt zumutbar ist.

Gleichzeitig wird Lernen eindimensional auf visuelle und akustische Reize begrenzt. Der Lernende erscheint als Konsument. Im Höchstfall gibt es noch eine Art Abfragen oder Einsetzen.

Im Normalfall entsteht der Eindruck, mit dem Kauf einer App oder eines Lernprogramms sei auch das Wissen abrufbar. Doch das stimmt nicht. Lernen, so haben wir gezeigt, ist ein komplexer Prozess, der sowohl organische, physische als auch psychische Komponenten hat. Wer sich rund um die Uhr mit technisch verfügbaren Informationen umgibt, läuft Gefahr, so gut wie nichts zu behalten, erhöhten Stress zu empfinden und außerdem seine eigene Lernfähigkeit systematisch zu reduzieren. Handy und Laptop werden zum kontraproduktiven Zeitfresser, wenn man den Umgang mit ihnen nicht beherrscht.

Anders als oft suggeriert, ist nicht das Equipment entscheidend, sondern die eigene Fähigkeit, sich Lernstoff einzuteilen und ihn Schritt für Schritt zu verarbeiten. Dabei kann der Computer hilfreich sein, er ist es aber nicht per se.

Deinen Umgang mit dem Handy solltest du bewusst kontrollieren, damit das Handy nicht dich kontrolliert und beherrscht. Auch hier hilft das Aufschreiben: Notiere einfach, wann du dein Handy benutzt. Hast du es rund um die Uhr an, oder gibt es Zeiten, in denen es ausgeschaltet ist? Viele sind bereits so mit dem Gerät verbunden, dass sie es nicht aushalten, nicht erreichbar zu sein.

Du solltest diese Haltung bei dir selbst hinterfragen und dich aktiv mit deinem Handykonsum auseinandersetzen. Während der Phasen, in denen du dich konzentrieren willst, sollte das Handy aus sein. In bewussten Entspannungsphasen schaltest du es am besten ebenfalls aus. Du wirst merken, wie befreiend die handyfreie Zeit ist und welche Möglichkeiten sie dir bietet.

Ebenso ist es mit PC und Laptop. Mach dir bewusst, dass es sich um Hilfsmittel handelt. Teste, was du lernst, wenn du mit Papier und Stift arbeitest, und welches Lernergebnis du mit dem Laptop erzielst. Notiere und vergleiche deine Testergebnisse. Nutze Rechner und Internet sinnvoll.

Natürlich kannst und musst du deine Arbeiten auf dem Computer schreiben. Doch mach dir bewusst, welche Arbeitsschritte zu vollziehen sind, und schaffe dir rechnerfreie Zeit, indem du lernst, den PC temporär auszuschalten.

1.8 Konzentration trainieren

Multitasking galt einmal als erstrebenswert. Durch andauernde Musik- und permanente Informationsbeschallung wurde es zur Notwendigkeit. Doch die Folgen sind medizinisch nachweisbar: Eine steigende Anzahl von Aufmerksamkeitsstörungen, der Verlust der Konzentrationsfähigkeit und mangelndes Leistungsvermögen sind der Preis, den vor allem die jüngere Generation zahlt.

Ein Synonym für Konzentration ist ungeteilte Aufmerksamkeit. Dieses Bild fasst es am besten zusammen: Alle Kräfte sind auf eine Sache zu konzentrieren. Die gesamte Aufmerksamkeit soll in eine Richtung gelenkt werden.

Abschweifungen der Gedanken können auch andere Gründe haben. Sie können durch depressive Stimmungen verursacht werden, mit mangelnder Kondition zusammenhängen oder auf zu wenig Schlaf, Vitamin- oder Bewegungsmangel verweisen. Konzentrationsmangel tritt auch bei permanenter Überreizung durch zu volle Räume, schlechte Akustik und vor allem schlechte Lichtverhältnisse auf.

Darum ist es sinnvoll, die Lernzeit zu Hause allein zu nutzen und mit Ruhe zu gestalten. Dabei sollte nicht das Schummerlicht des Rechners leuchten, sondern eine helle, freundliche Atmosphäre, die dem Tageslicht nahekommt.

Wissenschaftler betonen immer wieder, wie wichtig Regelmäßigkeit und Rituale sind. Auf die Wiederholung kann sich dein Körper einstellen. Er weiß dann, wie im Fitnesscenter, was ihn erwartet und liefert die tägliche Trainingsleistung, die schrittweise gesteigert wird, ab.

Dabei spielt die Einstellung eine große Rolle. Du kannst dir im wahrsten Sinne des Wortes Interesse „einreden“. Das ist nichts Negatives. Du belügst dich dabei auch nicht selbst, denn du hast ja ein Ziel – du willst dein Abitur oder den Übergang in die nächste Klasse schaffen oder eine Prüfung bestehen. Während du dich zunächst selbst überredest, nimmst du Wissen auf. So entsteht „echtes“ Interesse. Du baust auf Erkenntnissen und Fakten auf, die dein Gehirn gespeichert hat.

Deine Konzentration trainieren kannst du mit Sudokus, jeder Art von Kopfrechenaufgaben, dem Auswendiglernen von Gedichten oder Merkspielen wie „Ich packe meinen Koffer“.

Erinnerst du dich an die Achtsamkeitsübung des Möhrenschneidens? Jede Art von Achtsamkeitsmeditation hilft dir, dich zu konzentrieren. Keine Angst vor dem Wort Meditation. Tritt zum Beispiel jeden Abend vor dem Einschlafen gedanklich eine Reise durch deinen Körper an.

Du kannst klein beginnen und damit anfangen, deinem Atem in Gedanken vom Einatmen bis zum Ausatmen zu folgen. Anfangs werden deine Gedanken abschweifen. Du wirst an den Tag denken oder dich durch andere Geräusche ablenken lassen. Doch je mehr du trainierst, um so leichter fällt es dir, dich zu konzentrieren und bei der Sache zu bleiben.

Das Ergebnis ist wie beim Trainieren der Armmuskeln: du kannst damit Gewichte stemmen, aber auch deine Taschen leichter tragen. Mit der Achtsamkeitsübung kannst du deinem Atem folgen, dich aber auch leichter auf eine Physikaufgabe konzentrieren.

1.9 Die Zeit einteilen

Es wurde bereits mehrfach erwähnt: das Zeitmanagement. Zeiteinteilung gehört zu den grundlegenden Fähigkeiten, die du während deiner Schul- und Studienzeit erwerben solltest. Sie ist gehört zu den wichtigsten Hilfsmitteln, wenn du deine Ziele erreichen willst und gleichzeitig dein Leben mit Freizeit und Freunden gestalten möchtest.

Dir ist bestimmt schon aufgefallen, dass einige trotz guter Leistungen viel Zeit haben und andere immer über Zeitmangel klagen, obwohl sie kaum etwas zustande bekommen. Wie und warum gelingt ein Leben mit Lernerfolgen, Freunden und Hobbys?

Die Zauberformel heißt diesmal: Zeitmanagement. Du gehst genauso vor, wie du es bereits gemacht hast, um herauszubekommen, wo deine Zeitreserven liegen: du schreibst dir auf, was du den ganzen Tag lang machst. In diesem Protokoll notierst du auch die Zeiten. Führe das Protokoll etwa zwei Tage lang oder eine ganze Woche, um herauszubekommen, wo deine Zeitfresser stecken. In einer Extra-Spalte kannst du auch parallel dazu Rechner- und Smartphone-Zeiten aufschreiben.

Was du wahrscheinlich herausfinden wirst, ist verblüffend: Du hast tatsächlich jede Menge Zeitreserven. Auch hier gilt wieder:

Beginne den Umbau deines Zeitverständnisses und deiner Zeitnutzung mit kleinen Schritten. Nimm dir nicht zu viel auf einmal vor, sonst läufst du leicht Gefahr, dass du scheiterst und demotiviert bist.

Brauchst du morgens lange, überschlägst dich dann und kommst trotzdem erst kurz vor knapp oder sogar zu spät? Hier kannst du ansetzen: Jeder hat eine individuelle Morgenroutine, und diese solltest du genau analysieren, um zu bestimmten, wann du entsprechend deinen Wecker zu stellen hast.

Eine funktionierende Morgenroutine setzt am Tag vorher mit einer Abendroutine an – in der du alles erledigst, was dich am Morgen wertvolle Zeit kostet. Ist das Frühstück vorbereitet und liegt dein Outfit anziehbereit da, werden dir in der Regel 30 Minuten am Morgen reichen. Gehst du davor joggen, machst Gymnastik oder meditierst, dann rechne diese Zeit dazu. Für alles andere gilt die 30-Minuten-Regel. In dieser Zeit kannst du bequem duschen, dich korrekt anziehen und ein ausreichendes Frühstück zu dir nehmen, bevor du dich auf den Weg machst.

Das geht ganz einfach: Nach den Hausaufgaben packst du deine Tasche, am Abend legst du alle deine Sachen von den Socken bis zum T-Shirt und Pulli zurecht und schaust auch nach Schuhen und Jacke. Dein Schlüssel sollte seinen festen Platz haben. Monatskarte und Geldbeutel sollten fest verstaut sein. Morgens brauchst du nur noch ins Bad gehen, kannst dich dann gleich anziehen und frühstücken – und los geht es!

Notiere dir diesen Ablauf als Aufgabe für jeden Tag und hake ab, ob du es geschafft hast. Schnell wird daraus eine Routine, über die du nicht mehr nachdenken musst, und du kommst vorbereitet und gestylt in Schule oder Uni an.

Genauso verfährst du mit deinen Aufgaben. So baust du langsam Routinen auf und gewinnst Zeit.

1.10 Ziele formulieren – Ziele erreichen

Wichtig ist tatsächlich, dass du deine Ziele kennst und sie ganz konkret benennen kannst. Das ist keine Selbstverständlichkeit. Oft wissen Menschen nicht, was sie eigentlich wollen. Das macht es ihnen so schwer, ihre Wünsche zu verwirklichen.

Schreibe dir deine Ziele auf und hänge sie dir über deinen Schreibtisch oder klebe sie auf die Innenwand deines Kleiderschranks. Es ist gut, wenn du sie jeden Tag immer wieder vor Augen hast. Sie wirken wie eine Affirmation, eine Bestätigung, ein Leitsatz.

Wenn du genau weißt, was du willst, kannst du Wege finden, um dein Ziel zu erreichen. "Ich bestehe die Prüfung in Physik." oder "Ich werde in die nächste Klasse versetzt." sind solche Ziel-Formulierungen.

Jetzt geht es darum, den Weg zu diesem Ziel zu definieren. Dazu formulierst du Teilziele oder Meilensteine. Du formulierst jedes Zwischenziel aus:

"Ich schreibe alle Hausarbeiten für Physik."

"Ich erledige die Vorbereitungen für die Physikstunde."

"Ich nehme aktiv am Physikunterrichtteil und stelle Fragen (z. B. 5 Fragen jede Stunde)."

"Ich bereite die Physikstunde durch Wiederholung nach."

Nimm dir jeweils ein Teilziel vor und gib dir selbst eine Zeitspanne, in der du dich dieser Aufgabe widmest. Vierzehn Tage lang kümmerst du dich um die Hausaufgaben in Physik und hakst die Erledigung jedes Mal ab.

Zuerst wird dir die Erledigung schwerfallen. Mit der Zeit wird es leichter. Hast du dein erstes Teilziel erreicht, kommt das nächste dazu. Du bereitest die kommende Physikstunde sorgfältig vor. Nach erfolgreich bestandenen vierzehn Tagen widmest du dich besonders der Mitarbeit im Unterricht. Diese fällt dir bereits leichter, denn du verstehst plötzlich, worum es geht, und möchtest deine Mitschüler und Mitstudenten mit deinem vorbereiteten Wissen unterstützen.

Insgesamt werden sich deine Zensuren, deine Einstellung und deine Konzentrationsfähigkeit positiv verändern, und du wirst den Unterricht nicht mehr als langweilig und ermüdend empfinden. Du fühlst dich frischer und motivierter, obwohl du für das Fach arbeitest und gute Ergebnisse bringst. Dem Wandel liegen Perspektivwechsel, Training, Selbstdisziplin und klare Zielformulierung zugrunde.

10 Punkte für eine positive Lernatmosphäre:

1. Einstellung zum Lernen überprüfen und durch bewussten Perspektivwechsel verändern
2. Aufgaben einteilen und Meilensteine setzen
3. Erfolgserlebnisse in Plan, Tabelle oder Bild visualisieren
4. Empowerment durch klares Formulieren eigener Ziele
5. Überprüfung der Lebensführung: Schlaf, Ernährung, Bewegung
6. Ordnung im Raum, auf dem Schreibtisch und im PC schaffen
7. Zeitreserven entdecken und nutzen
8. Medien effizient nutzen und Auszeiten einplanen
9. Konzentration durch Achtsamkeit schulen
10. Zeitmanagement und Routinen etablieren

2. Lerntypgerechtes Lernen – Lernstoff langfristig verankern

Bestimmt ist dir schon aufgefallen, dass Mitschüler, Geschwister oder Kommilitonen auf unterschiedliche Art und Weise lernen. Die einen lesen laut vor und murmeln Merksätze, die anderen notieren Formeln immer und immer wieder, die nächsten entwickeln Assoziationspfade, sogenannte „Eselsbrücken". Du selbst hast vielleicht auch schon bemerkt, dass dir eine bestimmte Art zu Lernen besonders liegt.

In der Tat gibt es verschiedene Lerntypen. Dabei wird die Fähigkeit genutzt, bestimmte Reize besonders gut verarbeiten zu können und so Lernstoff langfristig zu verankern

Die Auseinandersetzung mit Lerntechniken ist alt. Schon in der Antike wurde darüber nachgedacht, wie sich Wissen am besten vermitteln lässt. So entstand das Lernen in der Gruppe, in freier Natur, in Bewegung und im Dialog. Die Meditation hat hier ihren europäischen Ursprung – im Kloster wurde über theologische Texte meditiert, um sie zu verinnerlichen, sie zur Inspiration zu nutzen und um aus ihnen neue Erkenntnisse abzuleiten.

Auch das praxisverbundene Lernen ist uralt und nutzt die Anwendung gezeigten oder angelesenen Wissens, um Lernstoff zu festigen, langfristig zu verankern und nutzbar zu machen. Bereits früh ging es darum, Potenziale zu erschließen und effizient zu nutzen.

Bei der Beschäftigung mit dem Lernen an sich solltest du immer dein Ziel im Auge behalten. Die Technik allein ist nicht entscheidend. Letztlich ist es egal, ob du für dich herausfindest, dass du am besten mit Lernkarten, Tabellen, über Vorträge oder auf dem Kopf stehend lernst. Wichtig ist, dass du Möglichkeiten findest, die dir das Lernen erleichtern und die dir helfen, das meiste aus deiner Lernzeit herauszuholen. Die Einteilung nach Lerntypen ist eine Möglichkeit, um sich zu orientieren.

2.1 Unterschiedliches Lernen

Menschen sind verschieden. Diese Erfahrung hat jeder schon gemacht. Der eine mag dies, der andere das. Einer liebt Bewegung, der andere liest gern. Einer mag Gesellschaft, der andere zieht sich lieber zurück. Was mit der Alltagserfahrung respektiert wird, findet beim Lernen nur eine unzureichende Umsetzung, denn auch das Lernen unterliegt unterschiedlichen Faktoren und Einflüssen. Nicht wenige davon sind individuell sowie typ- und altersgeprägt.

Wir haben uns bereits erinnert, wie aktiv Babys Wissen aufnehmen. Auch hier zeigen sich schon individuelle Unterschiede, die durch aktive oder mangelnde Förderung bzw. ein positives oder prekäres Umfeld verstärkt werden. Genetische Anlagen spielen ebenso eine Rolle wie die familiäre Situation. Analog zur Gendermedizin lässt sich feststellen, dass sich Mädchen und Jungen physisch und psychisch unterschiedlich entwickeln und auch in ihrem Lernverhalten differieren.

Warum sollte dich das interessieren? Solche Erkenntnisse sind wichtig, weil sie dir dein eigenes Lernverhalten erklären und dir Möglichkeiten aufzeigen, die du ausprobieren kannst, um Erfolg zu haben. Du kannst sie lesen wie die Hinweise in einem Reiseführer: Einiges trifft sofort deine Zustimmung, anderes macht dich neugierig und du probierst es einfach aus.

Genau wie dein Umgang mit dem Reiseführer sollte dein Umgang mit Lerntheorien sein. Letztlich musst du deinen eigenen Mix finden. Das Tolle an der eigenen Verantwortung und am eigenen Ausprobieren ist, dass man selbst alle Fäden in der Hand hat. Das ist der Perspektivwechsel, den du vollziehen musst, wenn du langfristig gerne und mit Freude statt mit Frust lernen möchtest.

In der Schule ist viel von Methodenvielfalt die Rede. Häufig wird diese jedoch nur unzureichend umgesetzt. Ein kreativer Umgang mit Lernformen und -techniken findet nicht statt. Ganz im Gegenteil: Häufig verlassen Schüler völlig frustriert den Unterricht, weil sie sich entweder unter- oder überfordert fühlen – nicht selten sogar beides gleichzeitig. In der persönlichen Bildungsbiographie schlägt sich das mit einer negativen Einstellung bzw. Ablehnung und schlechten Noten nieder.

Doch an dieser Stelle solltest du nicht stehenbleiben und schon gar nicht aufgeben. Empowerment bedeutet, dass du die Dinge selbst in die Hand nimmst und in diesem Fall zum Beispiel eine Unterrichtsstunde für dich selbst analysierst. Dabei wirst du feststellen, dass auf der einen Seite Methoden nicht altersgerecht angewandt werden, auf der anderen Seite mit hochabstraktem Wissen gearbeitet wird. Meist fehlt der stufenweise Aufbau. Oft sind nicht einmal die fachlichen Grundlagen geklärt. Dadurch entstehen Frustration und eine innere Abwehrhaltung.

Was kannst du tun? Die Schule wirst du nicht ändern, den Lehrer und das Lehrbuch auch nicht. Was du ändern kannst, ist deine Herangehensweise und deine Art, dir den Stoff anzueignen.

Arbeite wiederum mit einer Visualisierung. Notiere als Gedächtnisprotokoll oder während der Unterrichtsstunde in einer Spalte den Lernstoff, in der anderen die Lehr- und Lernmethode. Stelle fest, an welcher Stelle du ausgestiegen bist und warum. Mit dieser Analyse hast du eine Rationalisierung erreicht, die dich aus der emotionalen Abwehrhaltung holt und dir damit eine neue energetische Basis für eine Aneignung des Lernstoffs bietet.

2.2 Welche Lerntypen gibt es?

Kurz gesagt: diverse. Typenlehren sind Vereinfachungen. Dabei wird eine Anzahl von Eigenschaften als charakteristisch festgelegt und meist polarisierend und klar abgrenzend gegenübergestellt. Bereits hier zeigt sich die Schwierigkeit. Während sich Menschen noch gut in Männer und Frauen, groß und klein, dick und dünn einteilen lassen, wird es beim Klang der Stimme bereits schwierig: was der eine als hoch definiert, sieht der andere im mittleren Bereich. Mit psychischen Eigenschaften wird es noch komplizierter. Menschen verändern sich im Laufe der Zeit, sie entwickeln sich, durchleben Phasen, in denen einige Verhaltensweisen dominieren und andere zurücktreten.

Um Ansätze zu verallgemeinern, Methoden anwenden zu können und Prozesse zu verdeutlichen, nutzt die Wissenschaft Kategorien als Ordnungsmöglichkeit. So lassen sich modellhaft Vorgänge verdeutlichen. Wichtig ist dabei, dass es sich um vereinfachende Isolierungen von Eigenschaften handelt, die sich nicht eins zu eins auf den individuellen Fall übertragen lassen. Die Gefahr bei einordnenden Zuschreibungen besteht darin, dass Menschen sich nach diesen Zuschreibungen zu richten versuchen.

Das kann negative Folgen haben. Es führt zu falschen Einschätzungen bei denen, die zuschreiben und einordnen. (In der Regel sind das in diesem Fall die Lehrenden.) Es führt zu falschen Schlüssen bei den Eingeordneten und kann den Lernerfolg nachhaltig verhindern. (Die Eingeordneten sind in diesem Fall die Lernenden.)

Das hat dazu geführt, dass Typenlehren in der Psychologie kritisch gesehen werden. Sie verführen zur allzu schnellen Zuweisung und darauf basierend zu falschen Handlungsangeboten. In der Pädagogik haben sie sich gehalten, in der Alltagspsychologie auch. Schnell gilt jemand als cholerisch, faul, langsam oder begriffsstutzig. Diese Zuweisung führt dazu, dass Menschen sich nach diesen Vor-Urteilen richten – sie werden cholerisch, faul, langsam und begriffsstutzig und nehmen das ganz selbstverständlich für sich an.

Doch diese Zuschreibungen schränken die Wahlmöglichkeiten und die Änderung der Verhaltensweisen ein. Dessen sollte man sich bewusst sein, wenn man mit Lerntypen agiert. Typisierungen sind auch im Lernbereich von begrenztem Wert und halten wissenschaftlichen Prüfungen nicht stand.

In den 1970er Jahren entwickelte Frederic Vester seine Theorie. Bereits in der Darstellung der Thesen in „Denken, Lernen, Vergessen“ räumt Vester ein, dass seine Einteilung in auditive, visuelle, haptische und verbal-abstrakte Lerntypen nur als theoretisches Ideal zu verstehen ist. In der Realität kämen immer Mischformen vor. In Deutschland hat die Theorie verstärkt Einfluss auf Lehrpläne, Unterrichtsgestaltung und die Ausbildung von

Lehrern genommen. Die berühmt berüchtigte Methodenvielfalt beruht darauf.

Was kannst du trotzdem aus der Beschäftigung mit den Lerntypen mitnehmen?

1. Du hast die Möglichkeit, dich überhaupt mit dem Lernen auf verschiedenen Ebenen zu befassen und Zusammenhänge zwischen Unterrichtsgestaltung (Didaktik) und gewünschten Lernprozessen herzustellen.

2. Du kannst und solltest dich mit deinem persönlichen Lernen auseinandersetzen.

3. Du kannst Lernformen für dich ausprobieren und deinen Mix erstellen. Lass dich nicht irgendwo „zwangseinordnen" und fall auch nicht selbst darauf herein. Psychologische Typen sind etwas anderes als Autotypen. Letztere lassen sich eins zu eins benennen und zuordnen. Bei Individuen geht das nicht. Darum entwickelt sich auch zunehmend eine personalisierte Medizin, die genau auf die individuellen Faktoren schaut. Ebenso ist es in der Psychologie.

4. Du kannst eine persönliche Sensibilisierung Lernformen gegenüber entwickeln, die weit über die Typenzuordnung hinausgeht und Aspekte wie das Alleine- oder In-Gruppen-Lernen oder die Vorzüge von Bewegung einbezieht.

5. Lass dich inspirieren und nutze die Ansätze, um deine eigene Lernform zu finden!

2.3 Auditives Lernen

Auditiv kommt vom lateinischen *auditus* und bezeichnet das Gehör. Auditives Lernen wird als Lernen über das Hören definiert. Der bereits erwähnte Frederic Vester ging davon aus, dass man über verschiedene Kanäle lernen kann. Beim auditiven Lerntyp ist der Kanal, über den man Wissen besonders gut aufnehmen kann, das Hören.

Unterrichtsvorträge und Vorlesungen sind ideal für den auditiven Lerntyp. Er speichert alles Gehörte schnell ab. Hörbücher wären die Ergänzung, die den Lernkosmos privat erweitert.

In der Realität kommt der auditive Lerner quasi nicht vor. Grundsätzlich solltest du dir immer Aufzeichnungen machen. Wie du diese anlegst, ob du sie in Stichpunkten, in Tabellen oder Zeichnungen fasst, musst du herausfinden.

Auch hier werden Mischformen auftreten. Manche arbeiten gern mit Farben, andere orientieren sich an der reinen Struktur ihrer Mitschriften. Als günstig erweist es sich besonders im Studium, wenn die Mitschrift nicht einfach abgeheftet, sondern tatsächlich noch einmal durchgearbeitet wird. Das heißt nicht, dass du sie abschreiben sollst, sondern dass du sie entweder in eine Struktur bringst, auf Lernkarten erfasst oder sie sogar – wenn du tatsächlich ein guter Zuhörer bist – wiederum selbst einsprichst und so abspielen kannst.

Was sich tatsächlich für viele als hilfreich erweist, ist die Übertragung von Wissen in Reimform oder die Kopplung mit Musik. Wissenschaftsreime haben sich im Medizinstudium bewährt, mit Liedern kann man sich das Periodensystem oder ähnliche Fakten gut merken.

Das reine Mitschneiden der Vorlesungen und ein „Abdudeln“ wird sich kaum als wirksam erweisen. Die Aneignung des Lernstoffs wird nicht passiv erfolgen. Es ist ein verführerischer Trugschluss, der naheliegt, wenn man sich für einen auditiven Lerntyp hält, dass man den Stoff über das Zuhören „draufbekommt“. Die Verarbeitung ist wesentlich. Das kann im Austausch mit anderen und auch in der Wiederholung passieren. Hier können Konzepte wie das Vor- und Nachsprechen helfen, die auch beim Fremdspracherwerb genutzt werden. Das kannst du für dich selbst umsetzen, indem du Sätze einsprichst und Pausen zum Nachsprechen lässt. Manche arbeiten dabei auch mit einem Spiegel.

Die Zuschreibung des auditiv Lernenden hat dazu geführt, dass die Schriftfülle im Studium abgelehnt wird. Man müsse so viel lesen, das würde der auditiv Lernende ausschließen. Das Lesen gehört zu den grundlegenden Kulturtechniken. In den oberen Schulklassen, im Studium und im späteren Berufsleben wird es gebraucht. Es ist von Vorteil, diese Kulturtechnik zu beherrschen.

Leider werden hier immer mehr Versäumnisse sichtbar. Viele Schüler haben das Lesen und Schreiben nicht richtig erlernen können. Sie haben eine negative Haltung zu Buch und Schrift aufgebaut. Ihnen ist erzählt worden, dass es schwer sei, Wissen über das Lesen aufzunehmen. Das Durcharbeiten umfangreicher Texte ist nicht nur ungewohnt, sondern kann tatsächlich oft nicht in angemessener Weise geleistet werden. Das Hörbuch allein ist kein Ersatz.

Was kannst du tun, wenn dir das Lesen und Schreiben schwerfällt? Suche keine Ausflüchte in Typdefinitionen, sondern aktiviere und trainiere deine Fähigkeiten. Du kommst im Studium nicht ohne sie aus.

Nimm dir vor, jede Woche einen Text zu lesen. Such dir ein Thema aus, das dich interessiert und dir gefällt. Es muss nichts mit dem aktuellen Lernstoff zu tun haben. Beginne mit einer Kurzgeschichte oder überschaubaren Erzählung. Erweitere dein Lesepensum, wie du es schon aus anderen Zusammenhängen kennst, schrittweise.

Ähnlich gehst du beim Schreiben vor. Orientiere dich nicht allein am Gehör, sondern prüfe deine Texte nach Rechtschreib- und Grammatikregeln.

2.4 Visuelles Lernen

Vom lateinischen *videre* (sehen) leitet sich visuell ab. Das visuelle Lernen soll auf Sichtbares setzen. „Lernorgan" seien die Augen. Über den Kanal des Sehens würde der Lernstoff aufgenommen werden.

Doch wie bereits beim Hören geschildert, reicht das Sehen allein nicht aus. Man kann auch „blind" vor einer Tafel sitzen oder das Gesehene ebenso an sich vorbeirauschen lassen wie das Gehörte.

Die Aneignung ist das Eigentliche, und diese ist genauso mit Arbeit verbunden wie der Muskelaufbau beim Training.

Tafelbilder solltest du übertragen, und du solltest sie zu Hause auch „auseinandernehmen“. Mach dir die Strukturen klar und versuche, die Zusammenhänge zu verstehen. Dazu wirst du auch lesen und schreiben müssen.

Auch hier wird oft das Ressentiment gegenüber dem Text eröffnet. Lass dich davon nicht einfangen. Der Trick dabei ist, dass wir alle Entschuldigungen lieben. Alles, was uns aus der Verantwortung nimmt, ist willkommen. Beim Lernen heißt das einfach, dass wir ja über andere Kanäle lernen, wir sind eben auditiv oder visuell veranlagt. Das geht in Richtung Prokrastination – wir schieben die Lernaufgaben von uns weg. Es geht jedoch darum, dass du das Lernen für dich annimmst und dadurch eine positive Einstellung zum Erwerb von Wissen gewinnst.

Was du tun kannst, um Lese- und Schreibfähigkeit zu verbessern, wurde bereits im vorhergehenden Abschnitt erwähnt.

Lässt du dich vom visuellen Lernstil inspirieren, kannst du folgende Lernmethoden und -techniken ausprobieren: Erstelle Schaubilder und Lernplakate mit dem Lernstoff. Lege Bilderfolgen an oder schreib und male deinen ersten Comic. Die Verbindung des Lernstoffs mit witzigen Zuschreibungen hat sich bewährt, denn an alles Außergewöhnliche erinnert sich unser Gehirn gerne. Visualisierungen sind immer positive Impulse: Gestalte Merksätze kaligraphisch und hänge sie dir auf. Gestalte Formeln farbig. In der Tat können sogar Ausmal-Bilder helfen: Organe und geographische Zusammenhänge prägen sich beim Zeichnen, Ausmalen und Ausschneiden ein.

Wichtig ist dabei, dass du selbst dein Lernmaterial erstellst. Du musst die Umrisse zunächst zeichnen oder die Lage markieren. Eine mechanische Beschäftigungstherapie bringt dich nicht weiter, sie vermittelt dir nur das Gefühl, du hättest gelernt. Die Aneignung des Lehrstoffs kann nur in der Verarbeitung erfolgen.

Das Drehen von kleinen Videos kann sinnvoll sein, das beliebte Anschauen von Filmen ist es nur sehr bedingt. Hilfreich sind Filme beim Trainieren einer Fremdsprache – das allerdings nur, wenn bereits Grundkenntnisse vorhanden sind. Dauerstreaming ist kein Lernen.

2.5 Haptisch-motorisches Lernen

Aus dem Altgriechischen ἁπτός (*haptós*, deutsch ‚fühlbar') leitet sich haptisch ab. Es soll den Praktiker umschreiben. Der Lernstoff muss hier anfassbar sein.

Gerade in den oberen Klassen, im Abitur und im Studium zeigen sich Herausforderung und Krux der Lerntypologien: In der Tat – wie sollte es auch anders sein – wird alles zunehmend theoretischer und abstrakter. Im Vordergrund stehen Vortrag, Präsentation und Lektüre. Das wissenschaftliche Arbeiten soll erlernt und angewandt werden. Grundtechniken wie Lesen und Schreiben, das Verstehen von Aufgaben und tatsächliche Lernkompetenz werden vorausgesetzt.

Hier lautet der Vorwurf in der Regel auch, alles sei zu theorielastig – im Studium entbehrt dieser Ansatz jeder Grundlage. Und wiederum ist es so, dass sich rein haptisch oder rein motorisch nichts merken und erlernen lässt. Den Beweis kannst du selbst antreten, indem du dir den Besuch in einem Chemielabor vorstellst. Du begreifst die Vorgänge dort nur, wenn du bereits Kenntnisse hast.

Auch beim haptischen Lernen gilt, wenn es sich nicht auf rein motorische, zu wiederholende Handgriffe wie eine Tätigkeit am Fließband bezieht, du musst auch theoretisch lernen und alle „Kanäle“ trainieren. Selbst beim Autofahren kommen Theorie und Praxis zusammen. Ohne die Theorie darfst du nicht hinters Steuer.

Sinnvoll ist jedoch das Umsetzen theoretischer Kenntnisse oder das praktische Durchspielen von Sujets. Du kannst zu fast allen Themen Spielszenarien entwickeln – so lassen sich chemische Vorgänge erklären, indem du dir ein Teilchenmodell bastelst und die einzelnen Aggregatzustände, die Komprimierung oder die Wärmeübertragung simulierst. Du kannst mit Organpuppen arbeiten, um dir Proportionen und Lage von Organen zu verdeutlichen. Du kannst dir über Rollenspiele historische Zusammenhänge verdeutlichen, indem du aktiv in die Rolle einer Gestalt der Geschichte schlüpfst, wobei dies bereits in kommunikatives Lernen übergeht. Eine andere Lerntechnik, die fälschlicherweise oft mit diesem Typus verbunden wird, ist das wiederholte Aufschreiben. Wenn du Merksätze wieder und wieder notierst, prägen sie sich dir ein. Ebenso kannst du durch kinesiologische Übungen, durch Meditation und Yoga deine Lernaktivität steigern. In Kapitel 3 erfährst du dazu mehr.

2.6 Verbal-abstraktes, kognitives Lernen

Hier geht Vester vom abstrakten Denken aus. Er spricht auch vom „Intellekt". Kognitiv leitet sich vom lateinischen *cognoscere*, erkennen, ab. In der Psychologie werden damit alle informationsverarbeitenden Prozesse bezeichnet, vom abstrakten Denken bis zum emotionalen Auffassen. Bei Vester ist das Lernen durch Nachdenken gemeint.

Dabei drängt sich die Frage auf, ob Menschen anderer Lerntypen nicht nachdenken – oder wie das Nachdenken überhaupt entsteht.

Das Erschreckende wäre, wenn Denken allein genetisch bestimmt wäre und sich nicht erwerben ließe. Das würde bedeuten, dass viele gar nicht das *Lernen* erlernen könnten. Nach Vester würde eine Hierarchie entstehen, bei der der kognitive Lerner begünstigt ist, weil er alles bereits irgendwie mitbekommen hat und nachdenken kann, während sich die anderen mit Modellen, Zeichnungen und Hörbüchern plagen müssen.

Die Kritik an den Lerntypen drängt sich bereits auf, weil Auge, Ohr und Hand als „Lernorgane" über Wahrnehmung und Sinneseindrücke funktionieren, während Denken ein psychoneurologischer Vorgang ist.

Was kannst du dennoch mit dem Begriff anfangen und von ihm für dich ableiten? Zum einen ist da die Aktivierung von bereits vorhandenem Wissen. Suche immer nach Bekanntem und knüpfe dort an. Du merkst dir dann Zusammenhänge leichter. Gehe auch hier schrittweise vor.

Zum anderen förderst du deine Lernfähigkeit und deine kognitiven Möglichkeiten, indem du trainierst. Nimm dir jeden Tag eine kleine Aufgabe vor. Im ersten Kapitel ging es in 1.8 bereits um das Training der Konzentrationsfähigkeit. Sudokus sind hervorragende Übungen. Mnemotechniken (Gedächtnis- und Erinnerungsübungen) unterstützen dich beim Ausbau deiner Kapazitäten. Du speicherst quasi Muster ab, die du unbewusst auf Neues anwendest, während du dich gleichzeitig erinnerst und „altes“ Wissen reaktivierst. Wer pro Woche einen Liedtext oder eine Gedichtstrophe lernt, wird sich automatisch schneller Faktenwissen merken können. Wer das Knobeln und Kombinieren übt, kann rascher Verbindungen herstellen.

Gewöhnst du dich an regelmäßige Lernspiele, verbindest du Training mit Spaß und Erfolg. Das stärkt und unterstützt eine positive Haltung zum Lernen. Gleichzeitig übst du dich im flexiblen Einsatz verschiedener Methoden und Lerntechniken.

2.7 Welcher Lerntyp bin ich?

Wenn du dich einmal testen möchtest, welche Lernformen dir eher zusagen, kannst du den Lerntypentest nach Frederic Vester nutzen. Dazu solltest du dir einen Partner nehmen, der 10 Begriffe auswählt und dich dann darauf testet, ob du sie dir eher vom Hören, Sehen, Fühlen oder Lesen merken kannst.

Der Test läuft so ab: dein Partner liest dir die 10 Begriffe vor. Du hörst aufmerksam zu und versuchst, dir die Begriffe zu merken. Anschließend werden etwa 30 Sekunden lang leichte Mathematikaufgaben gelöst. Nun sollst du alle Begriffe, an die du dich erinnerst, niederschreiben.

Das Ergebnis wird ins Auswertungsdiagramm eingetragen. Dazu wird ein Quadrat noch einmal unterteilt. Die Koordinaten werden jeweils bis 10 beziffert. Die Anzahl der Treffer wird im jeweiligen Quadranten notiert.

Im nächsten Test werden dir 10 Tafeln gezeigt, auf denen Gegenstände abgebildet sind. Nach 30 Sekunden langem Rechnen sollen die neuen Begriffe notiert werden.

Beim haptischen Test geht es darum, Gegenstände blind zu ertasten, zu benennen und zu merken. Abermals wird gerechnet und notiert.

Bis schließlich abschließend Begriffe auf Tafeln gelesen werden und nach dem Rechnen notiert werden sollen.

Die Ergebnisse werden jeweils in den entsprechenden Quadranten des Diagramms eingetragen.

Der Test ist umstritten. Was du dennoch daraus lernen kannst:

1. Du lernst die Vielfalt der Möglichkeiten kennen, sich Dingen zu nähern, sie zu erforschen und sie im Gedächtnis zu behalten.

2. Du kannst lernen, deine Konzentrationsfähigkeit realistischer einzuschätzen.

3. Du kannst Lernaufgaben mit spielerischen Elementen verbinden und dir darüber einen emotional positiven Zugang verschaffen. Diese Art des spielerischen Herangehens ist ein perfekter Türöffner, wenn man sich Neues erschließen möchte, und sie kann helfen, Unlust und Lernblockaden zu überwinden.

4. Solltest du tatsächlich in einem Bereich einen eindeutig höheren Wert erzielt haben, kannst du das als Stärke verbuchen und dich über einen gut trainierten Bereich freuen. Du kannst austesten, ob du tatsächlich über diesen Weg schneller lernst.

5. Du bekommst eventuell Hinweise auf Defizite, die du mehr trainieren kannst.

Diese Herangehensweise zeigt, dass es immer möglich ist, aus jeder Lernsituation etwas für sich mitzunehmen. Du solltest dich also niemals hinter Entschuldigungen verstecken, sondern immer versuchen, dein Potenzial bestmöglich zu nutzen

2.8 Mischtypen sind die Realität

Die Realität des Lernens wird von unterschiedlichen Faktoren bestimmt. Dazu gehören:

- Bildungsbiographie
- Umfeld
- individuelle Konstitution
- momentane Verfassung und Stimmung
- Grad der Auslastung des Gehirns

Mit der **Bildungsbiographie** sind hier nicht nur soziale Herkunft, Förderung im Baby- und Kleinkindalter und Schul- und akademische Abschlüsse gemeint, sondern auch die Lernerfahrungen. Hier geht es vor allem darum, welche Kultur- und Lerntechniken bereits beherrscht und angewandt werden und mit welchen Emotionen diese verknüpft sind.

Hat jemand bereits gelernt, frei und kreativ mit Wissen und Wissensaneignung umzugehen? Weiß er, wo er sich Informationen beschaffen kann, wie diese auszuwerten sind und wie er diese nutzt? Oder sind ihm die Wege zum Wissen und die Möglichkeiten der Aneignung fremd?

Kreative Wissensaneignung setzt auf eigenes Engagement. Am Beispiel des beliebten Schüleraufenthalts im Ausland lässt sich das erläutern. Für denjenigen, der gelernt hat, sich kreativ Bildung anzueignen, ist eine solche Reise ein Gewinn. Er wird sich mit der

Sprache, der geographischen Lage, der Kultur, Kunst und Geschichte des fremden Landes auseinandersetzen, indem er sich auf verschiedenen Ebenen seinem Reiseziel nähert. Das kann über Reiseführer, das Herausfinden der wichtigsten Sehenswürdigkeiten, die dazugehörige Lektüre des Herkunfts- und Reiselandes sein oder über ein spezifisches Interesse wie eine Biographie, über die sich das neue Gebiet erschließen lässt.

Das „Berieseln" lassen durch touristisch Vorgefertigtes wird er meiden.

Für gewöhnlich werden Schüler jedoch ohne Vorkenntnisse und bildungsorientierte Vorbereitung auf Reisen geschickt und dort mit einem Programm konfrontiert. Während der erste tatsächlich etwas lernt und seinen Horizont erweitert, bleibt dies dem zweiten verwehrt. Das bedeutet nicht, dass der zweite Schüler unfähig wäre. Er wird jedoch im Passiven belassen, und Bildung wird an ihn herangetragen. Er ist nicht fähig, aktiv einzusteigen, weil ihm vorab eine echte Vorbereitung verwehrt wurde.

Das **Umfeld** spielt eine individuelle Rolle und ist bis zu einem gewissen Grad auch altersabhängig. Hier ist entscheidend, ob aktiv gefördert wird – in dem Sinne, dass der Lernende aktiv werden soll und kann, oder ob ein Schein-Lernen stattfindet, an dem der Lernende nur passiv beteiligt ist. Außerdem spielen in den Einfluss des Umfelds die Grade der Persönlichkeitsbildung und Reife hinein. Hat ein Kind Verantwortung gelernt – tritt es mit echtem Selbstbewusstsein auf – oder ist es überheblich?

Die **individuelle Konstitution** umfasst den bisher erreichten Grad der Bildung und bezieht auch die physische Verfassung mit ein. Mit einem gesunden, gut ernährten Körper fällt das Lernen leichter als mit Erkrankungen oder einem durch Müdigkeit und Fehlernährung geschwächten Körper. Hier spielen allerdings auch Herausforderungen durch die Umstellung in der Pubertät eine Rolle.

Die **momentane Verfassung und Stimmung** hat entscheidenden Einfluss auf die Konzentrations- und Merkfähigkeit. Wer traurig, schwer verliebt oder gestresst ist, lernt schwerer als jemand, der sich fokussieren kann.

Auf den **Grad der Auslastung des Gehirns** und die Funktion des Hippocampus wurde bereits eingegangen. Durch Training kannst du dazu beitragen, dein Gehirn aktiver zu nutzen und die Informationsverarbeitung zu beschleunigen. Problemlösendes Denken kann durch Lernspiele geübt und verbessert werden. Dabei spielen deine Sinnesorgane – das Sehen, Hören und Tasten – ebenso eine Rolle wie dein Intellekt.

2.9 Individuellen Methodenmix entwickeln

Du kannst dich an dem Auswertungsdiagramm orientieren. Um erfolgreich zu lernen, solltest du insgesamt die Neugier in dir wecken, um verschiedene Lerntechniken und -methoden kennenzulernen. In Kapitel 3 werden dir Lernstrategien und Techniken vorgestellt, die du für dich ausprobieren kannst.

Hast du Methoden entdeckt, die du als geeignet empfindest, behalte sie bei. Alles, was Erfolg bringt, sollte angewandt werden. Das kann das Lernen mit Lernkarten ebenso wie das Lernplakat sein. Das können Visualisierungen in Form von Tabellen, Diagrammen und Zeichnungen sein. Bewährt haben sich selbsterstellte Memoryspiele mit Lernkarten. Du solltest zwischen monologischem Lernen zu dialogischem wechseln und dich abfragen lassen.

Zu den besten Möglichkeiten, Wissen zu testen, zählt, dass man es anderen erklärt. Dazu eignet sich die beste Freundin ebenso wie der kleine Bruder oder die Eltern. Stellt die andere Person Fragen, musst du dir etwas einfallen lassen.

Rollenspiele können sogar im Studium noch sinnvoll sein – du kannst dir in der Stille ein Szenario überlegen oder mit Kommilitonen zusammen agieren. Ihr könnt Szenen nachspielen oder debattieren. Das macht Spaß und ist gleichzeitig ein Training, bei dem du feststellen kannst, wie sattelfest du bereits bist und wo du noch Lücken hast. Immer zielführend sind thematische Quizspiele in Wettbewerbsform. Hier wird der Ehrgeiz geweckt, nebenher wiederholt und auf die Schnelle auch Neues gelernt.

2.10 Lerntechniken sinnvoll anwenden

Vor allem geht es zunächst darum, eine positive Einstellung zum Lernen zu gewinnen. Wer etwas gerne macht, strengt sich ganz von selbst mehr an, ist aktiv und möchte nichts verpassen. Überleg dir also ganz persönlich, was dir richtig Spaß macht, und finde Querverbindungen zum Lernstoff.

Das kann zum Beispiel so aussehen: Du spielst lieber Basketball als Vokabeln zu lernen? Bewegung macht dir folglich Spaß. Verbinde Spiel und Vokabeltraining. Du kannst Aufkleber an deinem Ball anbringen oder ihn direkt beschriften. Du kannst deine Sachen mit kleinen Zetteln versehen, auf denen Vokabeln stehen. Du kannst dir vornehmen, während des Spiels nur Englisch zu sprechen.

Das wirkt etwas eingeschränkt? Pass auf, was passiert:

1. Englisch lernen wird auf einmal als positiv empfunden. Du kommst locker über die Hürde, die du emotional überwinden musst, wenn du dich mit deinem Vokabelheft an den Tisch setzt.

2. Du kannst und solltest das Vokabular schrittweise erweitern und einfach neue Vokabeln auf die Zettel schreiben. Arbeite dabei immer zweispurig – für die deutsche Vokabel musst du die englische Entsprechung wissen und für das englische Wort das deutsche Gegenstück kennen. Fällt dir später die Vokabel nicht mehr ein, gehst du gedanklich an den Ort zurück, wo du sie gelernt hast. Durch den Einstellungswechsel verliert sich deine Abneigung. Funktionieren die Vokabelzettel für dich gut, bringe sie in deinem Zimmer, in der Küche und im Bad an.

Wichtig beim Lernen ist, um die Ecke zu denken. Bist du immer nur auf Klassenzimmer und Schule fixiert, steigt Langeweile in dir auf. Die Schulmüdigkeit ist ein tatsächlich existentes Phänomen. Lehrer unterstellen oft Unausgeschlafenheit, doch das muss nicht sein. In der Tat ist die unbewusste Abneigung so hoch, dass Schüler anfangen zu gähnen und sich müde fühlen. Der Kopf sinkt auf die Bank.

In dem Moment, wo du das Lernen an spannende Orte verlegst, weckst du deine Aufmerksamkeit, und auf einmal bleibst du auch im Klassenzimmer wach. Einiges wurde bereits erwähnt, und der Trick mit der einen Frage pro Unterrichtsstunde kommt aus dieser Richtung. Es geht zunächst nicht vorrangig um das Fach, sondern darum, diese eine Frage vorzubereiten und sinnvoll anzubringen. Das erfordert Aufmerksamkeit.

Fährst du gern weg? Du kannst dir auch einmal im Monat eine kleine Reise vornehmen. Bedingung ist, dass du sie in irgendeine Verbindung zu deinem Prüfungsthema bringen musst. In jedem Ort, selbst in Wald und Flur oder auf einem Berg, gibt es irgendetwas, was sich zu deiner Thematik in Beziehung setzen lässt. Bei einer historischen Frage, versetzt du dich einfach in die Zeit: Was war 1789 dort los? Wussten die Menschen etwas von der Französischen Revolution? Warum konnten sie nichts wissen? Welche Probleme hatten sie?

Oder du schaust nach Verbindungen zur Physik. Elektrizität gibt es überall. Wie funktioniert das eigentlich mit dem Strom und den Windrädern oder dem Kohlebergbau Chemie ist in Düngemitteln enthalten und auch im Boden, in Gesteinen und Erzen.

Die Lust zu reisen verbindet sich mit dem Lernerlebnis und das Lernen mit dem Ort. Du erinnerst dich an den Satz des Thales eher, wenn du ihn an Kirchenfenstern studiert hast.

10 Punkte zum lerntypgerechten Lernen im Überblick

1. Unterschieden wird bei der Lerntypen-These nach auditiv, visuell, haptisch-orientiert und kognitiv Lernenden.
2. Die Typeneinteilung ist eine These, die Tendenzen aufzeigt und nicht wissenschaftlich belegt ist.
3. Es gibt keine Reinform der 4 Typen.
4. Du kannst dich an den Lerntypen orientieren, solltest aber kreativ mit Methoden und Aneignungsformen umgehen.
5. Vermeide die Anpassung an Modelle, um Entschuldigungen für dich zu finden!
6. Suche dir Verbündete und gib dein Wissen weiter. Beim Erklären festigst du dein Wissen und kannst Lücken aufspüren.
7. Sei fantasievoll!
8. Hab Spaß am Lernen und verschaffe dir positive Lernerlebnisse.
9. Lernortwechsel sind hilfreich.
10. Sei aktiv!

3. Lernstrategien

Es gibt diverse Lerntechniken, Methoden und Möglichkeiten, sich Lernstoff anzueignen. Einige wurden bereits genannt. Die Theorie der Lerntypen ist ein Versuch, Lernen so zu systematisieren, dass man sich ein System zum effizienten Lernen schaffen und den gesamten Lernprozess optimieren kann. Dabei geht es nicht nur um eine einzelne Lernmethode, sondern um eine übergreifende, langfristige Planung, die Zeitfaktoren und Zielsetzungen einbezieht: eine Strategie.

Vorstellen kann man sich das wie ein Baukastensystem. Dieser Ansatz hat sich auf verschiedenen Ebenen bewährt. Du findest ihn in der Wirtschaft, in der Wissenschaft wie im Baumarkt. Bei einem Baukastensystem kannst du Vorgefertigtes individualisieren und genau nach dem, was du erreichen willst, zusammenstellen.

Dahinter steckt der Gedanke, dass es viele Gemeinsamkeiten bei Forschungsarbeiten, Heimwerkerprojekten oder dem Lernen gibt, aber auch individuelle Unterschiede. Bei einem Baukasten nutzt du nur das, was passt, und ergänzt das, was bereits vorhanden ist. Du ordnest die Möglichkeiten, Methoden und Versatzstücke und benutzt sie, um dein Ziel zu erreichen.

Magst du Planspiele? Dann wende sie auf die Strukturierung deines Lernstoffs an. Ist dir Planung eher lästig? Dann musst du an dir arbeiten. Strategien zu entwickeln ist etwas, das nicht nur beim Lernen und Studieren nützlich und sinnvoll ist, sondern auch in allen anderen Lebensbereichen. Du kannst deine Wünsche sukzessive umsetzen und deine Ziele erreichen, indem du:

1. dein Ziel definierst
2. Ressourcen und Möglichkeiten abcheckst
3. nach Umsetzungsformen und Verbündeten suchst
4. den Zeitfaktor einbeziehst

5. den günstigsten Moment zum Starten festlegst

Dieses Schema lässt sich auf beinahe alles von der Abi-Fahrt bis zum Hausbau oder dem Bestehen einer Prüfung anwenden. Du musst es nur modifizieren und entsprechend ausdifferenzieren. Wichtig ist, nicht in der Planung steckenzubleiben, sondern sich auf Teilziele zu fokussieren und diese anzugehen.

3.1 Ziele definieren – Lernprozesse erfassen

Weißt du , was du willst? Bevor du jetzt sofort zustimmst, nimm dir Zeit und denke kurz nach. Kannst du wirklich konkret benennen, was du erreichen möchtest? Genau das solltest du jetzt einmal schriftlich in einem kurzen Satz festhalten:

Ich möchte meine Mathe-Prüfung bestehen.

- Ich möchte meine BWL-Zensur um einen Grad verbessern.
- Ich möchte meine Seminar-Arbeit fertigstellen.

Jetzt wandle die Sätze um und hole sie aus dem Konjunktiv II, dem eventuell Möglichen, ins Reale:

- Ich bestehe meine Mathe-Prüfung.
- Ich verbessere meine BWL-Zensur um einen Grad.
- Ich stelle meine Seminar-Arbeit fertig.

Dein **Ziel** solltest du exakt formulieren und einmal notieren. Manche stecken sich einen Zettel an den Spiegel, andere pinnen ihn übers Bett oder den Schreibtisch. **Affirmationen** sind bejahende Formeln, die dir helfen, dich zu fokussieren und dein **theoretisches Vorhaben** in die **praktische Tat** umzusetzen.

In jedem Fall solltest du dein Ziel schriftlich fixieren, wenn du deinen Plan, deine Strategie erstellst. **Selbsterfüllende Prophezeiungen** funktionieren nicht nur im negativen Bereich, sondern auch in positiver Richtung. Wobei das nicht heißt, dass du nichts tun musst, weil sich dein Ziel, als Wunsch formuliert, von selbst realisiert. Das ist nicht möglich, doch deine Einstellung hat einen wesentlichen Einfluss darauf, dass du es schaffst.

Bestimmt kennst du diese Art von **Motivation** aus dem Sport. Vor dem Spiel steht das Team zusammen und spricht gemeinsam eine Motivationsformel oder einen einigenden Satz. Genau das ist deine Affirmation, die zur Selbstmotivation wird.

Das große Ziel hast du formuliert. Nun geht es darum, wie du dort hinkommst. Stell dir eine Karte mit Hindernissen vor, zeichne dir einen Zeitstrahl oder arbeite mit Karten, auf denen du Aufgaben und Zwischenschritte notierst.

Die Frage ist: **Was hilft dir, dein Ziel zu erreichen?**

Dabei darfst du die **Zeit** nicht aus dem Auge verlieren. Je eher du mit den Vorbereitungen beginnst, desto besser. Nie hat man endlos Zeit zur Verfügung. Sie ist immer begrenzt. Also erkenne die Grenzen an und beziehe sie als Rahmenbedingung in deine Planung mit ein.

Wichtig ist, zu erkennen, wo du gerade stehst. Du musst deine **Ausgangsposition** bestimmen. In deinem Fall heißt das: **Stelle fest, was du schon kannst.** Das ist die **Basis**, von der aus du agierst und an die du anknüpfst. Das Bekannte gibt dir Sicherheit. Je mehr bekanntes Gebiet dazukommt, umso besser ist es für dich.

Bekanntes ist gefestigtes Wissen. Das erlangst du durch **Wiederholung und Anwendung**. Verknüpfe immer Bekanntes mit Unbekanntem oder Neuem. Beim Vokabellernen mit Vokabelkarten heißt das, ein Teil bekannter Vokabeln wird mit einigen neuen Vokabeln ergänzt. Beim Fakten-Lernen mit Lernkarten gehst du ebenso vor. Erst wenn du das Wissen ganz in dich aufgenommen hast, legst du die Karte ab. Sonst wäre der Stapel ja irgendwann auch viel zu groß.

Vorstellen kannst du dir das wie den Spracherwerb beim Kleinkind. Anfangs werden einzelne Worte immer wieder nachgesagt, später bilden sich ungrammatische Zweiwortsätze, die zu grammatischen Konstruktionen werden und letztlich im

Austausch mit und durch die Korrektur von anderen zum Beherrschen der Sprache führen.

3.2 Visualisierungen von Mind-Mapping bis Lernposter

Visualisierungen lassen sich auf verschiedenen Ebenen einsetzen. Einmal sind sie Mittel der Motivation, wenn du Ziele, Teilziele und vor allem auch deinen Fortschritt visualisierst – das heißt, grafisch oder malerisch darstellst. Wenn du magst, kannst du auch mit farbigen Kugeln arbeiten und das Visuelle mit dem Plastischen verbinden. Das kann so aussehen, dass es für jede Aufgabe eine Murmel oder einen Baustein gibt, der, wenn er bearbeitet ist, als sichtbarer Erfolg auf die andere Seite wandert und zu einem Turm oder Haus geschichtet oder in einem Glas gesammelt wird.

Visualisierung im Kontext des Lernens bedeutet, abstrakte Zusammenhänge in Bilder zu übersetzen. Du kennst Säulendiagramme aus dem Marketing oder bei Wahlnachrichten. Bereits auf den ersten Blick erfasst man, welche Parteien die meisten Stimmen bekommen haben.

Ähnlich funktionieren Visualisierungen beim Lernen: Du kannst Mengen darstellen oder dir Prozesse über Bilder verdeutlichen.

Sachverhalte lassen sich in Comics darstellen. Du kannst Wissenschaftscomics kaufen oder selbst erstellen. Dabei kommt es nicht unbedingt auf die künstlerische Qualität an, sondern darauf, dass du dich vor dem Zeichnen und während des Zeichnens mit dem Sachverhalt auseinandersetzt. Du musst die Fakten in Bilder übertragen und kannst dir so den Lernstoff besser merken. Versuchst du, dich zu erinnern, hast du die Bilder schnell parat.

Beim Comic gibt es einen zusätzlichen Kick: Unser Gehirn merkt sich gerne Außergewöhnliches. Arbeitest du mit witzigen Cartoons und teilst sie vielleicht sogar mit Freunden, behältst du den Lernstoff besser. Du merkst dir den Witz.

Mind-Maps sind seit den 1970er Jahren populär. Sie orientieren sich an Baumstrukturen. Du musst deinen Lernstoff zunächst durchdringen, um eine Struktur erarbeiten zu können. Dann kannst du eine Mind-Map erstellen. Ausgehend vom zentralen Thema zweigen mit Linien verbundene Hauptthemen ab, dann schließen sich Unterpunkte an.

Um eine Mind-Map zu erstellen, kannst du auch basteln: Das zentrale Thema solltest du mit einem, maximal fünf Worten umreißen können. Die Hauptthemen und Unterpunkte notierst du auf Zettel. So kannst du dir einen Überblick erarbeiten, wenn du noch nicht genau weißt, was wichtig ist und wie es hierarchisiert werden soll. Hast du erkannt, wie sich der Lernstoff strukturieren lässt, klebst du die Zettel einfach auf.

Mind-Maps eignen sich zum Selbstlernen, können aber auch zur eigenen Orientierung bei Vorträgen, als Tafelbild oder Handout eingesetzt werden.

Es gibt Mind-Maps als App, die auf Quellen verweisen und durch Anklicken weiterführen. Durch PC-Programme virtuell selbst erstellte Mindmaps können hier eine effektive Stütze sein. Diese gibt es oft sogar kostenfrei zum Download.

Lernposter werden im Handel angeboten. Ähnlich wie bei gekauften Lern-Apps solltest du wissen, dass du dich mit dem Inhalt dennoch auseinandersetzen musst. Selbst erstellte Lernplakate haben einen höheren Wert, da du den Lernstoff kennen musst, bevor du ihn visualisierst.

Sinnvoll sind immer Kombinationen von Schrift und Bild. Unterstützend können Farben eingesetzt werden, um eine Mind-Map zu erweitern und Zusammenhänge zu verdeutlichen.

3.3 Mnemotechnik – die Kunst des Behaltens und Erinnerns

Viele Lerntechniken sind alt. Sie wurden schon in der Antike verwendet und haben sich bewährt. Das Memorieren ist außer Mode gekommen. Früher war das Erlernen von Gedichten und Liedtexten in der Schule obligatorisch. Heute entfällt es zumeist.

Dabei liegt der Wert des Auswendiglernens im Training. Du kannst versuchen, mit einem Zitat oder Reim pro Woche zu beginnen. Heftest du einen Zettel an den Badezimmerspiegel, hast du die Worte vor Augen und kannst sie beim Zähneputzen memorieren. Bringst du sie nahe deinem Bett an, merkst du sie dir vor dem Einschlafen.

Der Begriff *mnḗmē* stammt aus dem Altgriechischen und bedeutet Erinnerung. *Μνημοσύνη* (Mnemosýne) ist die Göttin der Erinnerung und die Mutter der neun Musen. Das Merken und Erinnern wird in allen Branchen zu allen Zeiten gebraucht. Handy und Internet ersetzen Faktenwissen und das Beherrschen von Fakten nicht.

Die **Loci-Methode** ist eine Form der Mnemotechnik. *Loci* sind Orte. Nach einer griechischen Sage geht die Methode auf den Poeten Simonides von Keos zurück, der düpiert durch Skopas während eines Gastmahls dessen Haus verließ, das kurz darauf zusammenbrach und alle Gäste so zermalmte, dass sie nicht mehr zu erkennen waren. Doch Simonides erinnerte sich an die Sitzordnung und Namen.

Die Zuordnung von Information und Raum wurde später auf anderes übertragen. Du kannst dich über räumliche Zuordnungen erinnern. Ein einfaches Beispiel wäre das Übertragen von Lernstoff auf Memory-Karten, ein anspruchsvolleres ist der **Gedächtnispalast**, wie du ihn vielleicht aus der BBC-Serie Sherlock kennst. Eine abgewandelte Methode ist das Verteilen von Lernkarten im Raum. Dabei sollte es möglichst einen Bezug zwischen Ablageort und Lernstoff geben. Wird der Stoff abgefragt, erinnerst du dich an den Ort und die richtige Antwort.

Du kannst auch mit realen oder fiktiven Reisen, Häusern und Gemälden arbeiten. Auf das reale Reisen mit Programm wurde bereits in Kapitel 2.10 hingewiesen. Fiktive Reisen denkst du dir aus und verbindest die Route, die du real nachschlagen kannst, mit deinem Lernstoff. Das Aufbauen von Häusern nach

Lernschwerpunkten kann rein gedanklich oder real als Visualisierung erfolgen – du erstellst dann eine Art Lernplakat in Haus-Form oder als Abbild eines Gemäldes, dass du mit bestimmten Zuschreibungen verbindest.

Eine andere Form des Gedächtnistrainings ist das PVO-System (Person, Verb, Objekt). Hier geht es um das Erfinden kleiner, kurzer, prägnanter Geschichten zu Lernstoffinhalten, Fakten oder Vokabeln. Die Saiten der Geige merkt man sich über den Satz „Geh, du alter Esel".

Die Grundaktivität im EEG merkt sich der angehende Neurologe über eine abgeänderte Variante ohne Verb, nämlich anhand des Geburtsdatums von Beate D., das auf den 24. Dezember 1963 fällt: „Beate D., 24.12.63":

- **Be**ta-wellen, ~ **24**Hz
- **A**lpha-Wellen, ~ **12**Hz
- **T**h**e**ta-Wellen, ~ **6**Hz
- **D**elta-Wellen, ~ **3**Hz

Auch bei der Anwendung von Mnemotechnik geht es um ein ganzheitliches Erfassen. Du kannst die Techniken beliebig kombinieren und für dich ausarbeiten. Übertragen heißt das: „**A**ll **F**actors **L**ead **T**o **V**ery **E**fficient **L**earning", womit du dir gleich die mnemotechnischen Mentalfaktoren gemerkt hast: **A**ssoziation, **F**antasie, **L**ogik, **T**ransformation, **V**isualisierung, **E**motion, **L**okalisation.

3.4 Lernspiele

Gamification gibt es in nutzbarer und nutzloser, sogar schädlicher Form. Alle Lerninhalte lassen sich mit spielerischen Elementen verbinden. Die Idee ist ebenfalls alt. Das beginnt bei Wettbewerbssituationen wie dem Bankrechnen, das man auch mit Vokabeln, Daten oder anderen Fakten spielen kann, geht über Rätsel bis zu sämtlichen Memory-Varianten oder Rollenspielen.

Während Gamification auf Motivation abzielen kann, indem zum Beispiel S-Bahn-Treppen wie in der Hamburger S-Bahn-Station Jungfernstieg mit Klang verbunden zu "Piano Stairs" werden, die Menschen zu mehr Bewegung anregen sollen, können traditionelle Lernspiele reaktiviert werden und erheblich weitergehen.

Dabei ist die Lust am Gewinnen und am Erringen eines Preises mit tatsächlichem Lernerfolg gekoppelt. Klassiker wie „Stadt, Land, Fluss" lassen sich modifizieren und an andere Lerninhalte anpassen. Simple Buchstabenspiele, wie sie zum Erlernen des Alphabets und Lesens genutzt werden, können auch im Bereich der Naturwissenschaft angewandt werden („Nenne ein Organ mit N", „Nenne ein Element mit P", ...). Erweitert lässt sich das zum Beispiel auf die Geografie als die Zuordnung von Hauptstadt und Land übertragen oder auf historische Ereignisse und Personen.

Rollenspiele sind hervorragend geeignet, um einen Zugang zu komplexen Wissensgebieten zu bekommen. Das reicht vom Interview mit einer historischen Person bis zur Vorstellung, man sei ein Wassertropfen oder ein chemisches Element. Gerade der Witz und das Absurde daran führen zum Merken, Erinnern und Anwenden.

Immer wieder gewinnbringend ist die Idee der Autokarten, wenn es um mehrere Elemente geht. Du erstellst dazu eine Struktur und trägst die Daten ein. Schon das schafft Wissen, und im Spiel mit anderen wird es weiter trainiert.

Online-Spiele müssen genau geprüft werden: Verlierst du dich im reinen Konsumieren? Oder sind die Spiele mit tatsächlichen Aufgaben verbunden, die etwas mit deinem Lernstoff zu tun haben. Nicht selten sind Multiple-Choice-Fragen mit Bildern verbunden, die sich intuitiv erklären. Doch mit dem Klick allein hast du noch nicht gelernt. Du verschwendest Zeit, bist danach müde, hast das Gefühl, gearbeitet zu haben, und versagst womöglich in der Prüfung.

Sinnvoll ist das Selbstbasteln. Setzt du dich mit dem Stoff auseinander und bringst ihn in andere Zusammenhänge, wiederholst du ihn oder verbindest ihn mit neuen Erlebnissen, festigst du dein Wissen nachhaltig.

3.5 Lernen in Bewegung

Aus der Antike sind die Gespräche des Aristoteles mit seinen Schülern bekannt. Er ging mit ihnen während seiner Vorlesungen spazieren. Frische Luft und Bewegung, so meinte er wohl, bewahrten die Schüler vorm Einschlafen. Zwar waren die Vorstellungen des Gelehrten über das Gehirn irritierend – er hielt es für ein reines Kühlsystem, das das Herz vor Überhitzung bewahre – , dennoch solltest du das Lernen mit Bewegung ausprobieren. Viele lernen Texte im Rhythmus ihrer Schritte auswendig. So lassen sich auch Vokabeln und Formeln üben.

Es gibt auch an Schulen Experimente mit bewegtem Lernen. Ob Ergometer und andere Fitnessgeräte, im Klassenzimmer aufgestellt und während des Unterrichts genutzt, tatsächlich die Konzentration steigern und die Lernleistungen verbessern, ist nicht hinreichend erwiesen. In jedem Fall stärkt Sport in den Pausen die Konstitution und verbessert auch die Aufnahmefähigkeit. Bist du unmotiviert, fühlst dich müde und schlecht gelaunt, dann zieh deine Laufschuhe an und jogge eine Runde. Während des Laufens werden Dopamin, Endorphin und Serotonin ausgeschüttet. Der erhöhte Spiegel bleibt über längere Zeit bestehen und gibt dir die Kraft, weiterzulernen.

Haltung hat immer noch einen leichten Beigeschmack. Dabei macht es einen Unterschied, ob du in der Bank hängst oder aufrecht sitzt. Wer sich buchstäblich hängen lässt, wird weniger vom Unterricht mitbekommen als der aufrecht Sitzende. Das hängt auch mit der Sauerstoffzufuhr durch die Atmung zusammen – sie wird einfach abgeklemmt. Ebenso ist es mit dem Aufstehen. Wer eingeklemmt sitzt, die Hände vorm Mund hat, signalisiert der Außenwelt und sich selbst, dass sein Interesse gering ist. Wer aufsteht, wenn er etwas zu sagen hat, wird gesehen und gehört und kann besser sprechen. Du kannst das bei Sängern beobachten – sie stehen nicht ohne Grund.

Wenn du dich gerne bewegst, kannst du Lernübungen mit körperlichen Übungen koppeln. Es spricht nichts dagegen, bei Liegestützen, Klimmzügen oder Kniebeugen Vokabeln zu lernen.

In jedem Fall hilfreich sind regelmäßige Pausen. Nutze sie zum Rausgehen an die frische Luft, gehe ein Stück, treibe Gymnastik oder spiele eine Runde Ball. Danach fühlst du dich frischer.

Auch kinesiologische Übungen oder Eurythmie können helfen. Es gibt das bekannte Beispiel „der liegenden Acht", die mit ausgestreckten Armen in die Luft gezeichnet wird, oder das sich öffnende A, das sich mit beiden Armen, die auseinandergehend nach oben gereckt werden, formen lässt.

Unvoreingenommen ist jede Art geführter, gymnastischer oder sportlicher Bewegung förderlich.

3.6 Know-how mit Kreativität

Bestimmt gibt es etwas, was du besonders gut kannst und womit du dich gerne beschäftigst. Oft vergisst man über solchen Tätigkeiten die Zeit und geht ganz in ihnen auf. Manche sprechen auch vom Flow, in dem alles wie von selbst geht. Es ist wie beim Spielen, und du fühlst dich glücklich. In Kapitel 2.10 wurde schon einmal daraufhin gewiesen, wie Lerntechniken sinnvoll angewendet und mit anderen Tätigkeiten verbunden werden können.

Dabei werden nicht nur negative Lernerlebnisse „gelöscht" und korrigiert, sondern es entsteht eine neue Lust am Lernen.

Indem du über deine Art des Lernens in Bezug auf einen bestimmten Stoff nachdenkst, beginnt bereits ein Prozess des Perspektivwechsels: du verlierst deine Abneigung und bekommst ein positives Verhältnis zum Lernstoff und zur Aneignung desselben.

Verschiedene Methoden und Möglichkeiten wurden bereits vorgestellt, doch du solltest selbst überlegen, wie du deine Stärken einbringen und mit dem Lehrstoff verbinden kannst.

Die Ansätze können ganz unterschiedlich sein: du kannst Modelle basteln, um dich der griechischen Demokratie zu nähern: Wie sah eine Volksversammlung 500 vor Christus auf dem Pnyx aus? Wie spiegelt sich das Demokratieverständnis in der Architektur? Über das Basteln erwirbst du Kenntnisse in Geschichte, Geographie, Kunst und Philosophie. Wenn du Altgriechisch belegt hast, kannst du auch hier Kenntnisse erwerben. Genauso kannst du dich dem Sport der Antike nähern: Wie war das in Sparta? Wie entstanden die Olympischen Spiele? Was wurde dort gefordert? Wie wurde trainiert? Wer nahm teil? Mit einem Brainstorming erfasst du mögliche Fragestellungen und kannst dann die Verbindung zum geforderten Lernstoff herstellen.

Belletristik ist ein fantastischer Weg, um eine Zeit zu begreifen, sich in die Mentalität einzufühlen und sich darüber den Lehrstoff zu erschließen.

Mit Theorien in Physik oder Chemie ist es nicht anders: Schau immer, was noch möglich ist, wo du den Faden aufgreifen kannst, um dich der Thematik zu nähern. Ist es zunächst die Forschungsgeschichte? Sind es Biographien, die dich fesseln? Kommst du über Modelle zu einer plastischen Vorstellung der Materie, oder schaust du dir die reale Umsetzung in der Industrie an? Du kannst von Fehleranalysen zum eigentlichen Stoff vordringen oder Funktionen völlig umwandeln, wie bei den Kleinschen Flaschen, die ein Beispiel für nichtorientierbare Flächen sind und sich als Mütze stricken lassen. Nebenbei kannst du dich mit Parametergleichungen auseinandersetzen.

3.7 Um- und Übersetzen, nicht nur bei Sprachen

Indem du dir eine Lernhaltung antrainierst, kannst du dich diversen Herausforderungen stellen. Dabei geht es einfach darum, immer wieder Wege zu finden, wie du dir Wissen aneignest, wie du zu Lösungen kommst und Erlerntes anwenden kannst. Am sinnfälligsten ist das bei Sprachen. Viele schrecken vor dicken Lehrbüchern oder Arbeitsblattsammlungen zurück. Doch das Erlernen und Trainieren von Sprachen ist zumindest beim Englischen unumgänglich.

Neben dem gängigen Sprachunterricht, den du wie einen Leitfaden begreifen kannst, hast du viele Möglichkeiten, eine Sprache zu erlernen. Einen Grundstock an Vokabeln und Grammatik solltest du dir zunächst zulegen. Dabei helfen Vokabelkarten oder -hefte und das Üben grammatischer Konstruktionen durch Aufschreiben. Beschäftige dich mit dem Land und seiner Kultur, um einen emotionalen Zugang zu bekommen. Musik, Landschaften, einzelne Sehenswürdigkeiten, Malerei, Film und Literatur sind Einstiegsmöglichkeiten.

Gibt es ein Thema, das dich besonders interessiert? Kochst du gerne, oder schwärmst du für Fantasy-Filme? Dann entscheide dich demnächst nicht für die deutschsprachige Version eines Rezepts, sondern wähle eins auf Englisch. Meistens ist man überfordert, wenn man einen Film in Originalsprache sieht. Die Fülle rauscht an einem vorbei. Du kannst jedoch Bücher zu Filmen perfekt mit dem Wörterbuch erschließen. Bücher zu Themen, die dich faszinieren, solltest du in englischer Sprache kaufen. Für viele wie die Harry-Potter-Bände gibt es sogar Spezialwörterbücher. Notiere dir Vokabeln, und nimm dir jeden Tag einen Abschnitt oder eine Seite vor.

Hat sich dein Wortschatz gefestigt, ist auch das Anschauen von Filmen sinnvoll. Nimm die Untertitel dazu. Das normale Sprechtempo ist für Lernende oft noch zu schnell, und erst nach einer Weile gelingt es, den Dialogen zu folgen. Da hilft das Mitlesen sehr.

Eine Sprache sollte jeden Tag geübt werden. Wenn du Comics magst, hol sie dir auf Englisch. Interessierst du dich für Mode oder Wirtschaft, kauf dir englische Zeitschriften und Zeitungen.

Du kannst Vokabeln über ein Memory-System lernen und festigen. Übersetze beim Aufdecken immer in die andere Sprache, sodass du beides trainierst: verstehen und sprechen.

Mach dich als fortgeschrittener Lerner mit dem Fernseh- und Radioprogramm vertraut. Versuche, Kontakte zur englischsprachigen Community in deiner Stadt aufzubauen. Das Angebot reicht von Kinos, Treffpunkten an der Uni, Restaurants,

Buchhandlungen bis zu englischsprachigen Gemeinden und Gottesdiensten. Der Kontakt mit Native Speakern hilft dir, dein Sprachniveau zu verbessern und weitere Tipps zu erhalten.

Doch das Übersetzen hilft nicht nur beim Sprachenlernen. Du kannst es auch verwenden, wenn du dir ganz andere Themenbereiche erschließt. Durch das Lesen und Übersetzen von Fachtexten in eine anderen Sprache festigst du den Lernstoff und trainierst den Wissenserwerb. Du kannst mit mehrsprachigem Üben zu einer Art ganzheitlichem Lernen kommen, das dich noch einmal ganz anders fördert.

3.8 Debattierklub – die andere Seite einnehmen

Ein Seitenwechsel öffnet den Blick. Ursprünglich wurde die Kunst des Debattierens an britischen Universitäten gepflegt. Die 1755 in London gegründete Cogers Society gilt als ältester Debattierklub der Welt. Der Name leitet sich von Descartes Satz *Cogito ergo sum* (*Ich denke, also bin ich.)* ab. Das Denken steht im Mittelpunkt. Geübt werden sollen:

- rhetorische Fähigkeiten
- Analyse
- Argumentationsfähigkeit.

Position zu beziehen und in vorgegebener Zeit die eigene Meinung zu begründen, übt das Denken und trainiert das Strukturieren und Priorisieren. In der Regel sind es 7 ½ Minuten, die einem zur Verfügung stehen.

Du kannst das Debattieren zum Lernen nutzen. Entweder triffst du dich mit Freunden und ihr diskutiert nach vereinbarten Regeln, oder du übst zu Hause allein und nimmst dich zum Beispiel auf. Eine andere Variante wäre, sich nur auf die Rede zu konzentrieren, diese vor Familienmitgliedern zu halten und anschließend auf Fragen einzugehen.

Beim Debattieren können die Positionen vorab ausgelost werden. Der Vorteil, sich in eine gegenteilige Argumentationslinie einzuüben, besteht darin, dass du den Lernstoff tatsächlich durchdringst.

Eine andere Variante ist die Verwandlung in historische Persönlichkeiten, die im Gespräch gegeneinander antreten. Im Rollenspiel klang diese Art des Lernens mehrfach an. Der Gewinn besteht in der Verbindung von Spiel, dargebotenem Wissen und Spaß. Du lernst sowohl etwas beim Zuhören als auch beim eigenen Entgegnen. Du musst auf Einwürfe reagieren, deine Position erläutern und Argumente finden.

Selbst als Zuhörer wirst du Dinge leichter behalten. Die Verbindung von Wissen und Witz wirkt lange nach und hilft dir, dich zu erinnern. Damit gelangt das Wissen vom Kurzzeit- ins Langzeitgedächtnis.

Hat sich eine Gruppe gefunden, der das Debattieren und Spielen mit Wissen Spaß macht, könnt ihr Programme entwickeln und im Unterricht oder vor Freunden aufführen. Im angelsächsischen Raum haben diese Art der Aufführungen und der Lerntheater eine lange Tradition, die bis zu Wissenschaftssongs reicht, mit denen Fakten auf einfache Art wiederholt und gefestigt werden. Learning Science Through Theater ermöglicht allen Beteiligten einen Wissenszuwachs.

Wichtig ist beim Arbeiten mit solchen spielerischen Elementen, dass tatsächlich auf den Lernstoff fokussiert wird. Dabei darf das Ergebnis weder zu didaktisch wirken, noch sich im bloßen Gag verlieren. Darauf ist auch beim Debattieren zu achten. Allein durch Spaß wird kein Wissen erworben. Gerade im naturwissenschaftlichen Bereich ist Präzision gefragt, die sich bei aufgebrachter Mühe gerade im Debattieren exemplarisch vorführen lässt.

3.9 Richtig lesen

Nur das Blättern in einem Buch bringt dich nicht weiter. Bestimmt kennst du auch Situationen, in denen du meinst, einen Text gelesen zu haben, dich dann aber an nichts mehr erinnern kannst.

Es gibt verschiedene Arten zu lesen. Gerade wenn viel Text zu bewältigen ist, empfiehlt sich vorab eine **Sichtung**. Dazu überfliegst du den Text kurz. Das heißt, du sichtest das Inhaltsverzeichnis. Ist keins vorhanden, scrollst du mit den Augen nach deinen Keywords und kannst abschätzen, ob der Text etwas zu deinem Thema enthält – und wenn ja, wie viel Prozent die Ausführungen ausmachen. Du sortierst die Texte dann nach Relevanz und kannst dir so einen ersten Überblick verschaffen.

Kursorisches Lesen empfiehlt sich bei Texten, die nur am Rande Antwort auf deine Fragestellung geben. Gehört das Buch dir, markiere die Stellen farbig oder arbeite mit Klebezetteln. Du liest auch hier quer, überschaust den Text und sicherst die wichtigsten Punkte.

Diagonales Lesen erfasst das Blatt von links oben bis möglichst weit rechts unten. Hier kannst du abschätzen, wie viel zu deinem Thema vorhanden ist und wo du vertiefend lesen musst. Das Markieren und Kennzeichnen erleichtern dir das schnelle Auffinden.

Punktuelles Lesen orientiert sich am Inhalts- oder Stichwortverzeichnis. Suchst du zum Beispiel etwas zu einem bestimmten chemischen Element oder einem Komponisten, so kannst du gezielt auf die Textpassagen zugreifen und diese studieren.

Zum fundierten Durcharbeiten von Texten eignet sich die **PQ4R-Methode** mit ihren Komponenten

- Preview (Überfliegen)
- Questions (Fragen)

- Read (Lesen)
- Reflect (Reflektieren)
- Recite (Wiedergeben)
- Review (Rückblick)

Fertige **Exzerpte** an. Das bedeutet, dass du die Kernaussagen des Textes zu deiner Leitfrage (deinem Thema) schriftlich erfasst und durch deine eigenen Gedanken ergänzt.

Beim **Konspektieren** erstellst du eine Zusammenfassung in Art einer Inhaltsangabe.

Es ist hilfreich, sich die Zeit für das Lesen einzuteilen. Die Lesegeschwindigkeit erhöht sich mit der Fertigkeit. Diese wiederum optimierst du durch Übung. Um das Gelesene zu behalten, musst du es wiederholen. Wenn du Strukturen erstellst, eine Mind-Map anfertigst oder ein Lernplakat bastelst, arbeitest du mit dem gelesenen Stoff und kannst ihn besser behalten.

Erarbeite dir ein System, nach dem du vorgehen kannst, um die Aufgabenstellung effizient zu erfüllen. Soll ein einseitiger Text geschrieben werden, wirst du weniger Literatur benötigen, als wenn du ein fünfzehnminütiges Referat halten sollst.

Willst du den Lernstoff langfristig behalten, musst du mit dem Gelesenen arbeiten. Allein durch das Überfliegen gelingt die Verankerung der Lerninhalte nicht.

3.10 Mentales Training – von Affirmation bis Gehirnjogging

Lernen ist eine Frage der Einstellung und mentalen Verfassung. Hat sich eine emotionale Blockade gebildet, fällt das Aufnehmen und Verankern von Lernstoff deutlich schwerer. Es kann sogar ganz unmöglich sein. Um eine Lernstrategie zu entwickeln, die dich effizient und geradlinig zum Erfolg führt, brauchst du eine positive Einstellung.

Lernerfahrungen sind oft negativ. Sie zu verarbeiten, ist nicht unbedingt hilfreich. Statt in die Vergangenheit zu blicken, solltest du dich an Gegenwart und Zukunft orientieren. Negative Lernerfahrungen lassen sich quasi überschreiben.

Wie du dich mental auf das Lernen einstellen kannst, klang bereits mehrfach an. Immer ging es um positive Emotionen als Träger. Wer ganzheitlich ein positives Verhältnis zu sich und dem, was er tut, aufbaut, geht mit einer offenen Haltung an Lernaufgaben heran. Er ist in der Lage, auszuprobieren und zu spielen. Er kann Varianten testen und erzielt damit genau den Effekt, dass er lernt und Lernstoff nachhaltig verankert.

Wenn du Lernen bewusst zu einem Teil deines Alltags machst, wirst du schrittweise Fortschritte verzeichnen, die sich wiederum insgesamt positiv auf dich als Person, deine Haltung zum Lernen und den Lernstoff auswirken. Genau das, was vorher negativ konnotiert war, stärkt nun den positiven Bereich.

Affirmationen helfen dir, Zielstellungen klar zu formulieren, sodass du dich mit ihnen identifizieren kannst. Wähle dir ein Motto, wenn du willst, und lass dich von diesem Motto inspirieren und tragen. Das kann etwas sein wie:

„Das Geheimnis des Erfolgs ist, anzufangen.“ Mark Twain
„Misserfolg ist lediglich eine Gelegenheit, mit neuen Ansichten noch einmal anzufangen.“ Henry Ford

Nimm dir vor, jeden Tag mindestens eine Seite zu lesen, die nicht zu deinen Aufgaben gehört. Setze dir Teilziele und verschaffe dir bewusst Erfolgserlebnisse, damit du die gesamte Strecke bewältigst.

Meditation kann dir helfen, dein Ich zu stärken und die Möglichkeiten, um Wissen aufzunehmen, zu potenzieren. Trainiere deine Aufnahmefähigkeit mit Gehirnjogging und erhalte dir die Fähigkeit, kreative Ansätze zu entwickeln. Du wirst dich insgesamt wohler fühlen, deine Zeit effizienter nutzen und gleichzeitig mehr schaffen.

Lernstrategien kurz zusammengefasst

1. Definiere dein Ziel.
2. Definiere deine Stärken.
3. Definiere deine Vorlieben.
4. Wähle nach deinen Stärken und Vorlieben die für dich besten Lernmethoden.
5. Verschaff dir Erfolgserlebnisse.
6. Verbinde Spaß und Lernen.
7. Sei kreativ in der Zusammenstellung deiner Lernmethoden und -techniken.
8. Erstelle eine Strategie unter Berücksichtigung von Zeit und vorhandenen Fähigkeiten.
9. Verlier dein Ziel nicht aus den Augen und arbeite jeden Tag daran.
10. Sorge für emotionales Empowerment durch ein Lebensmotto.

4. Vorbereitung in der Prüfungsphase

Prüfungen sind eine Herausforderung, doch die Frage ist, wie du sie siehst: als Horrorszenario, als Chance, zu zeigen, was du kannst, oder als Bilanz einer langen Arbeitsphase. Wie du Prüfungen wertest und mit ihnen umgehst, hängt eng mit deiner generellen Haltung zu Herausforderungen und Leistung zusammen. Macht es dir Spaß, in den Ring zu steigen, oder siehst du lieber zu, wie sich andere die Lorbeeren holen? Möchtest du weiterkommen oder bleibst du lieber stehen?

Der Perspektivwechsel funktioniert auch hier: Wer möchte schon immer danebenstehen, wenn es möglich ist, mitzumischen? Du bist bereits auf dem Weg, hast eine lange Schulzeit oder mehrere Semester hinter dir. Du hast Zeit, Arbeit und Geld investiert. Warum solltest du jetzt aufgeben?

Prüfungsangst sollte man ernst nehmen und sich rechtzeitig damit beschäftigen. Achte darauf, sie nicht als Entschuldigung zu nehmen. Denn der Umgang mit Nervosität und Prüfungsangst lässt sich trainieren. Am besten ist auch hier eine gut geplante, ganzheitliche Herangehensweise, die vom körperlichen bis zum geistigen und psychischen Training reicht.

4.1 Prüfung als Chance

Schließ die Augen und frage dich kurz: **Was möchte ich erreichen?** Definiere dein Ziel. Du kannst es dir notieren oder ein Bild zeichnen, sodass du es immer vor Augen hast. Frage dich: **Was muss ich tun, damit ich dieses Ziel erreiche?** Fasse diese Dinge in jeweils einem, maximal drei Worten zusammen. Notiere auch diese. Priorisiere diese To-do-Schritte. Jetzt überlege dir: **Was brauche ich dazu?** Notiere auch das jeweils in einem bis maximal drei Worten. Du spürst innere Widerstände? Denk nach: **Was hindert**

mich daran, mein Ziel zu erreichen? Schreibe dir diese Hindernisse auf und überlege, wie du sie aus dem Weg räumst.

Damit hast du bereits eine komplette Planung, die du nun nur noch zeitlich anzupassen brauchst. Hast du dich rechtzeitig mit dem Thema Prüfungsplanung befasst, bleibt dir ausreichend Zeit für eine umfassende Vorbereitung. Bist du spät dran, musst du dir eventuell neben der Speed-Planung einen Plan B überlegen.

Unterschätze die mentale Konditionierung nicht. Der Vergleich zum Sport drängen sich auf. Es ist wie bei einem Wettkampf: du willst die beste Zeit bei einem Lauf erreichen. Der Sprint ist kurz, doch die Vorbereitung schaffst du nur mit langer Distanz. Dazu musst du dich selbst immer wieder motivieren und darfst dein Ziel nicht aus den Augen lassen.

Beim Sport ist man enttäuscht, wenn ein Wettkampf ausfällt oder man nicht nominiert wird. Ähnlich sollte es bei einer Prüfung sein.

Du hast in dem Moment die Chance, deine Leistung zu präsentieren und zu zeigen, was du über Wochen Monate oder gar Jahre intensiv vorbereitet hast. So kannst du dir deine Medaille holen.

Wie ein Sportler seine Ernährung umstellt und täglich sein Pensum absolviert, solltest du deine Zeit einteilen und deine Routinen aufbauen. Dazu gehören:

- ausreichend Schlaf
- Bewegung an frischer Luft
- gesunde Ernährung
- eine geordnete Umgebung
- regelmäßige Lernzeiten

Gerade in der Jugend probiert man viel aus. Langes Aufbleiben hat etwas Aufregendes, Träumen verführt, doch vergiss nicht: Die

Zeit läuft. Ebenso ist es mit dem Körper: Nikotin und Alkohol sind Gesellschaftsdrogen. Man möchte teilhaben und mit den anderen zusammen sein. Da wirkt die Einnahme von Vitaminpräparaten nicht gerade sexy. Doch schau dir einmal an, wie viele Fans Fußballer haben. Glaubst du, die Stars auf dem Rasen können sich lange Nächte mit Alkohol und Fast Food erlauben? Überleg dir also, was auf lange Sicht schicker ist – das Erreichen deiner langfristigen Ziele oder der kurzfristige Genuss von Verlockungen?

In diesem Zusammenhang wird die hausärztliche Versorgung oft übersehen. Sie wirkt etwas bieder. Doch verhalte dich professionell und erkenne deine Chancen: Ein Check-up steht dir zu. Lass ihn nicht verstreichen. Vitaminmangel ist eine häufige Ursache für Müdigkeit und Konzentrationsmangel. Er kommt überdurchschnittlich oft vor. Lass deine Blutwerte von deinem Arzt durchchecken und suche mit deinen Ergebnissen bestenfalls einen professionellen Ernährungsberater auf, der dir individuelle Hinweise zu Ernährung und Lebensführung geben kann.

Mit einer guten körperlichen Kondition fällt das Lernen leichter, und die Chancen besserer oder sogar bester Prüfungsergebnisse steigen.

4.2 Einstellung zählt

Mit innerem Widerstand zu lernen, ist schwierig. Das wurde bereits in Kapitel 1.2 angesprochen. Es entstehen Blockaden, deren Überwindung enorme Energie kostet. Das gilt allgemein für Lernprozesse und besonders für Prüfungsvorbereitungen. Wenn du dich mit Widerwillen an den Schreibtisch setzt, wenn du Tutorien nicht besuchst und Lehrergespräche meidest, verlierst du nicht nur wertvolle Lernzeit und verpasst Informationen – du bastelst auch an einem schlechten Gewissen, das dich zusätzlich belastet und Energie bindet.

Gleichzeitig steigt der Druck von außen, wenn andere beginnen, Forderungen zu stellen.

Wäre es da nicht besser, die Aufgabensteuerung selbst in die Hand zu nehmen? Sei dein eigener Coach und zeig‘ dir und den anderen, was du kannst!

Wer öfter etwas Neues wagt und ausprobiert, erhält sich den Spaß am Leben, die Neugier und die Energie zur Umsetzung. Das heißt nicht, dass du ständig dein Prüfungsthema oder sogar die Studienrichtung wechseln sollst, sondern dass du neue Lernformen probierst.

Bestimmt kennst du Menschen, die immer wieder auf ihr Lieblingsthema zurückkommen und in allem Bezüge dazu sehen. Genau das ist hier gemeint – suche wie ein Detektiv nach Verbindungen zwischen Literatur, Geschichte, Naturwissenschaft und deinem täglichen Leben. Sie finden sich immer! Zu jedem Prüfungsthema kann man Alltagsbezüge herstellen. Nutze dieses Potenzial und stell dich auf das Thema ein – nicht als eine äußere, dir fremde Thematik, sondern als etwas, das zu dir gehört. Damit eröffnest du dir ganz neue Welten und wächst innerlich ein Stück.

Sieh dir Biographien an. Viele Spitzensportler hatten ungünstige körperliche Ausgangsbedingungen oder stammen aus prekären Verhältnissen. Du kannst daran studieren, wie viel Willenskraft ausmacht. Sie gibt dir die Stärke, über dich hinauszuwachsen.

Wichtig ist, dass du lernst, über ständige Entschuldigungen und das eigene Entziehen hinwegzukommen. Es hindert dich langfristig, wenn du ständig Wichtiges verschiebst, um kurzfristig Spaß zu haben. Dieses Verschieben nennt man Prokrastination. Das klang bereits im Vorwort an. Dieses Verhalten kann zu einem ernsthaften Problem werden, das bis zum Studienabbruch führt.

Bemerkst du, dass dein Aufschiebeverhalten pathologische Züge annimmt, solltest du schnell handeln und dir professionelle Hilfe suchen.

Setze dir dazu feste Termine für Aufgaben. Hast du sie fünfmal nicht eingehalten, suche dir einen Therapeuten, der dich unterstützt. Achte darauf, dass du tatsächlich an einen studierten Psychologen gerätst und nicht an einen selbsternannten Coach mit zweifelhaften Methoden.

Mögliche Ursachen für Prokrastination sind:

- Versagensängste
- Perfektionismus
- Entscheidungsangst
- geringer Selbstwert und geringes Selbstbewusstsein
- neurologische Befunde

Ein Mediziner kann hier für Aufklärung und Unterstützung sorgen. In der Regel kann gezielt geholfen werden, sodass du dein Prüfungsziel fristgerecht erreichst.

4.3 Themen abklären

Wie gehst du fachlich ganz praktisch vor? Es gibt Prüfungen, bei denen du freie Themenwahl hast, andere, bei denen du Schwerpunkte angeben kannst, und Prüfungen, bei denen du lediglich das Fachgebiet genannt bekommst. Diese drei Varianten unterscheiden sich meist im Beliebtheitsgrad. Bei der freien Themenwahl kannst du ein Thema wählen, dass dir leichtfällt oder dich besonders interessiert. Bei der Angabe von Schwerpunkten wird es schon etwas kniffliger, sollte dir das Fachgebiet nicht so liegen. Bei der letzten Variante hast du quasi keine Wahlmöglichkeit.

In jedem Fall solltest du die Situation akzeptieren. Es hilft nichts, sich lange aufzuregen, warum man in diesem Fach geprüft wird und nicht in einem anderen. Das sind bereits Handlungsformen, die in den vorangegangenen Kapiteln als negativ herausgearbeitet wurden:

- negative Lerneinstellung
- Aufschiebetaktik bis zur Prokrastination

- schlechte Stimmung
- Selbstmitleid
- Aggression

Diese Haltungen helfen dir nicht weiter. Sie führen zu Lernblockaden.

Hast du Vorbehalte gegenüber einem Thema, notiere sie sachlich. Warum solltest du das tun? Du kannst so feststellen, woher deine Abneigung kommt. Sind es Lücken im Stoff? Hast du etwas nicht verstanden? Oder ist das Thema vollkommen neu?

Alle anderen Einwände sind emotionaler oder vorgeschoben moralischer Natur. Der beliebte Einwand: „Wozu soll ich das lernen? Das braucht kein Mensch.“, ist substanzlos und hilft nicht weiter. Meist steht dahinter, dass einem die erforderlichen Kenntnisse fehlen. Hier solltest du ansetzen.

Notiere wiederum – du kennst das bereits –, was dich hindert, dich mit der Thematik zu befassen. Jetzt solltest du ganz klar sehen, woran es liegt. Liegen die Ursachen im emotionalen Bereich, musst du daran arbeiten und dein Ziel noch einmal ganz klar definieren. Liegen die Ursachen im fachlichen Bereich, musst du herausfinden, was genau dir fehlt: Sind es Verständnisprobleme? Beherrschst du die Grundlagen?

Du weißt nun genau, woher deine Vorbehalte kommen und kannst konkret dagegen vorgehen. Wie du dich emotional konditionieren kannst, hast du bereits gelesen. Fachlich setzt du mit einem Methodenmix an:

1. Nimm alle Tutorien oder Treffen mit Lehrern wahr und sprich offen über deine Probleme. Konkretisiere diese möglichst. Kannst du das nicht, lass dir dabei helfen, und erstelle zusammen mit deinem Mentor einen Lernplan, der von den Grundlagen bis zum geforderten Niveau führt.

2. Nutze den Unterricht, das Seminar und das Lernen in der Gruppe. Meinungen anderer können dich inspirieren oder

zum Wettbewerb anregen. Nimm die Gruppe auch als Kontrollorgan, damit du im Zeitplan bleibst.

3. Nutze alle Medien, mit denen du gerne lernst. Setze dabei nicht vorrangig auf das Kaufen, sondern stelle Lernkarten und Lernposter selbst her.

4. Arbeite interdisziplinär und stelle Verbindungen zwischen Nachbarwissenschaften her. Handelt es sich z. B. um ein geisteswissenschaftliches Thema, nutze Literatur, Kunst, Musik und Geschichte, um dich in die Zeit hineinzudenken.

Besprich Themen genau mit deinen Prüfern. Sammle Informationen zu Anforderungen, und löse Beispielaufgaben aus vorangegangenen Prüfungen zu deiner Thematik. Grenze Themen weitestgehend ein und frage deutlich nach, was genau zu lernen ist.

4.4 Stärken und Schwächen analysieren

Du hast bereits damit begonnen, wenn deine Einstellung zum Prüfungsthema indifferent war. Doch hier geht es noch einmal um zwei verschiedene Ebenen:

1. Deine **persönliche** Aufstellung

2. Deine **fachliche** Verfassung

Du solltest dir in der Tat noch einmal deine **Persönlichkeit** vornehmen und dich fragen:

- **Wo liegen deine Stärken?**

- **Was kannst du besonders gut?**

- **Wo liegen deine Problemzonen?**

Am besten nimmst du wieder Zettel und Stift zur Hand und notierst in Stichpunkten deine Stärken und Schwächen.

Du kannst hier bereits abschätzen, was dir bei der Prüfungsvorbereitung leichtfallen wird, wo du auf deine Stärken setzen kannst und was sich als problematisch erweisen wird, woran du also arbeiten musst.

Differenziere jetzt noch einmal direkt in Bezug auf die Prüfung: Ist es eine schriftliche oder eine mündliche Prüfung – oder beides zusammen?

- **Wo liegen deine Stärken im mündlichen Bereich?**
- **Wo liegen deine Schwachpunkte im Mündlichen?**

Analog wiederholst du das zum schriftlichen Prüfungspart.

Jetzt kristallisieren sich auch hier die Arbeitsbereiche heraus, die angegangen werden müssen. Gleichzeitig erkennst du die Ressourcen in deiner Persönlichkeit.

Nun nimmst du dir die fachliche Seite vor und verfährst ebenso mit Stift und Zettel wie beim Persönlichkeitstest:

- **Wo liegen deine Stärken bei der Thematik?**
- **Was kannst du besonders gut?**
- **Wo siehst du Schwächen?**

Du siehst jetzt auch hier, was dir leichtfallen wird und wo Schwierigkeiten zu bewältigen sind. Besprich diesen fachlichen Teil unbedingt mit deinem Mentor, damit du jeder Selbsttäuschung entgehst. Lass dich ruhig prüfen und stelle fest, wo Leerstellen sind oder wo du bei den Grundlagen etwas nicht verstanden oder behalten hast.

Erstelle schriftlich ein systematisches Lernprogramm im Abgleich mit den Prüfungsanforderungen. Hüte dich dabei sowohl vor Nachlässigkeit als auch vor Perfektionismus. Beide führen zu nichts. Beim ersten wirst du Fehler machen und Lücken zulassen, das zweite verführt zu zwanghaftem Lernen, das unnötig Zeit verschlingt und im schlimmsten Fall dazu führt, dass du zwar Spezialwissen besitzt, aber im Grundlegenden die Prüfungsanforderungen nicht erfüllst.

Maßgeblich ist grundsätzlich, was gefordert wird. Hier helfen Lehrer, Mentoren und Tutoren. In der Regel sind Prüfungsanweisungen schriftlich formuliert. An diesen Punkten solltest du dich fachlich orientieren.

Die Analyse von Stärken und Schwächen ermöglicht es dir, einen nachhaltig wirksamen Vorbereitungsplan zu erstellen, der tatsächlich deinen Möglichkeiten entspricht und dich da abholt, wo du stehst. Es gibt zwar auch vorgefertigte Pläne, doch ignorierst du dich selbst, nutzen diese Prüfungsvorbereitungen wenig. Sie gehen an deiner individuellen Situation vorbei. Du brauchst keine Planungen oder Planer zu kaufen, sondern solltest die Planung deiner Prüfungsvorbereitung selbst in die Hand nehmen.

Was bringt dir das? Du kannst genau sehen, wo du zurzeit stehst. Du kannst genau sehen, wo du zu einem bestimmten Termin sein musst. Du siehst deine Vorteile, und du siehst die Hindernisse, die es zu bewältigen gilt. Gleichzeitig hast du die Tools im Blick, die dir helfen, die Hindernisse zu überwinden. Damit entsteht ein realistisches Bild der Situation.

4.5 Vorbereitungszeit planen

Rechtzeitiges Beginnen sichert dir den größten Prüfungserfolg. Meist sind Prüfungen langfristig absehbar. Gerade das verführt – es ist ja noch so viel Zeit. Wer Erfahrung im Planen hat, weiß, dass ein halbes Jahr schnell vorbeigeht. Es sind nur sechs Monate mit jeweils vier Wochen. Du solltest lernen, Zeit nicht als etwas Unendliches zu sehen, sondern als eine rare Ressource.

Dabei gibt es wiederum ein spannendes Phänomen zu beobachten: Gerade die Menschen, denen die Zeit unendlich erscheint, haben im Alltag niemals Zeit und stehen unter Stress.

Das hat eine Ursache: Sie haben nicht verstanden, was Zeit ist und wie sie funktioniert. Wenn du begriffen hast, dass Zeit effizient und sinnvoll genutzt werden kann, kannst du ein Zeitmanagement erstellen und deine Vorbereitungszeit realistisch planen.

Dazu gehören die Analysen, die in den vorhergehenden Abschnitten besprochen wurden, denn du musst wissen, wie viel Zeit du wofür brauchst. Hast du Defizite in der mentalen Einstellung zu deiner Prüfung, wirst du Defizite bei der Planung haben. Die Entschuldigung „Ich hatte keine Zeit." ist einfach viel zu schön, um sie sich entgehen zu lassen. Doch sie stimmt leider in über 90 Prozent der Fälle nicht.

Wenn du ein Studium antrittst, solltest du bereits einen Plan im Kopf haben und wissen, wann du es beenden willst. Du solltest bereits im ersten Semester eine grobe Planung haben, wann welche Prüfungen zu absolvieren sind. Nach der ersten Orientierung an der Uni ist das möglich. Du weißt dann, welche Seminare du belegen musst, welche Arbeiten wann einzureichen sind. So kannst du deinen Abschluss direkt ansteuern.

Der Spaß am Studium kommt dabei bestimmt trotzdem nicht zu kurz. Ganz im Gegenteil: Soziale Kontakte und Entspannung sind wichtig. Doch deine Ziele solltest du nicht aus den Augen verlieren.

In der Regel finden Prüfungen nach spätestens 4 Semestern statt. Zwei Jahre klingen nach einer langen Zeit. Doch wenn du dir die 24 Monate anschaust, davon schon einmal 6 Monate zur Orientierung abziehst, dann bleiben dir nur noch 18 Monate. Das hört sich schon mehr nach einem einzigen Jahr an. Also fange etwa ein Jahr vorab an, dich für die Prüfungen zu interessieren.

Ähnlich ist es an der Schule. In der 10. Klasse wirkt das Abitur noch wie Zukunftsmusik. Doch wer bereits beim Abschluss der 10. Klasse gemerkt hat, dass sich nicht jede Prüfung mit links bewältigen lässt, der hat dazugelernt und weiß, dass sich schon in der 11. Klasse alles auf den Abschluss hin orientieren sollte. Vor allem, da das Abitur nicht kurz vor den Sommerferien abgelegt wird, sondern sich mit seinen schriftlichen Teilen bereits über das 2. Halbjahr verteilt.

4.6 Was haben Routinen mit Mathe zu tun?

Mit einem täglichen Programm erwirbst und festigst du Wissen und gewinnst Zeit. Routinen erleichtern dir das Leben und sorgen für Ausgeglichenheit. Du schaffst dir damit Sicherheit und stärkst damit nebenbei dein Selbstbewusstsein.

Warum ist das wichtig? Wer sich sicher fühlt, agiert anders, optimistischer und freundlicher als jemand, der unsicher ist und sich selbst noch dazu jeden Tag mit Herausforderungen belastet.

Was bringt dir das in Bezug auf Prüfungsvorbereitung und Prüfung? Es stärkt und motiviert dich. Du hast bereits die Erfahrung gemacht, wie Routinen deinen Tag erleichtern und zu Souveränität führen. Diese Alltagserfahrung bringst du in die Prüfungsvorbereitung ein. Dadurch gelingt es dir leichter, sie jeden Tag zeitlich zu etablieren und zu realisieren. Bei der Prüfung bringt dir echtes Selbstbewusstsein Bonuspunkte, wenn du souverän mit dem Lernstoff umgehen und ihn angstfrei anwenden kannst.

Echtes Selbstbewusstsein ist dabei von falschem oder von Überheblichkeit zu unterscheiden.

Bereits um 1900 war Hermann Ebbinghaus fasziniert vom Lernprozess und stellte Forschungen zum Erinnerungsvermögen an. Er entwarf eine Kurve, die modellhaft die Wissensspeicherung erfassen sollte. Nach der Ebbinghausschen Kurve ergibt sich folgendes Verhältnis von Zeit und erlerntem Wissen:

- 20 Minuten nach dem Lernen sind nur noch 60 Prozent des Gelernten abrufbar.
- 1 Stunde nach dem Lernen sind nur noch 45 Prozent verfügbar.
- 1 Tag nach dem Lernen sind es nur noch 34 Prozent.
- 6 Tage später bleiben 23 Prozent übrig.
- Dauerhaft werden 15 Prozent gespeichert.

Wobei Ebbinghaus mit unzusammenhängenden Silben experimentierte. Fakten und sinnvolle Zusammenhänge lassen sich leichter behalten. Der Psychologe entdeckte, dass Wiederholungen und neue Lernimpulse durch Anwendung die Vergessenskurve beeinflussen und die Merkfähigkeit steigern. Anfangs sollten daher Zusammenhänge täglich wiederholt werden, dann erweiterst du das zeitliche Intervall, indem du immer einen Tag auslässt. Dann lässt du mehrere Tage verstreichen, bis du wiederholst, später eine Woche, 14 Tage, einen Monat. So verankerst du den Lernstoff im Langzeitgedächtnis und festigst ihn temporär. Zur Prüfung hast du ihn dann parat.

Lernst du mit Lernkarten, sieht das so aus, dass du sie anfangs täglich wiederholst und später zeitweise beiseitelegst, um die Karten mit dem bereits erlernten Lehrstoff wieder unter die Lernkarten zu mischen.

Die regelmäßige Wiederholung und das konzentrierte Lernen zur gleichen Zeit schaffen günstige Bedingungen zur nachhaltigen Verankerung von Lerninhalten.

Du solltest bei komplexen Zusammenhängen immer auf die Anwendung erlernten Wissens achten und Verknüpfungen herstellen. Damit garantierst du , dass du den Lernstoff tatsächlich integrierst. Treten Fragen oder Probleme auf, notiere sie und tausche dich aus. So hast du die besten Chancen, dich insgesamt gut für die Prüfung aufzustellen.

4.7 Solo-Lernen oder Austausch

Du solltest auch als ausgesprochener Allein-Lerner den Austausch suchen. Mixe am besten auch hier die Lernformen. Deine tägliche Routine daheim ergänzt du mit Treffen in Lerngruppen, Tutorien und dem Austausch mit deinem Mentor. Das gibt dir die Möglichkeit, dein Wissen regelmäßig abzugleichen, vor anderen zu präsentieren und dich auszutauschen.

Du kannst hier bereits Prüfungssituationen simulieren und für den großen Tag trainieren.

Gleichzeitig hast du die Chance, Wettbewerbssituationen zu nutzen. Nichts spornt so sehr an wie der eigene Nachbar. Du kannst dich vergleichen und siehst, wie weit die anderen bereits mit ihrem Lernstoff sind. Vielleicht bringt dich das sogar auf neue Lernideen, wenn du dir zeigen lässt, wie deine Mitschüler oder Kommilitonen lernen.

Aktives Lernen lohnt sich auch für Einzelkämpfer. Dazu gehören:

- Vorträge
- Frage und Antwort bei komplexen Zusammenhängen
- Abfragen von Fakten als Active recall testing
- Erklärungen zu Grundlagen und weiterführenden Themen

Bei unerfahrenen Lernern arten Gruppen leicht aus. Teste deine Social Skills und sorge dafür, dass die Gruppe ein Programm hat und den Zielen der Prüfung folgt. Denke bei der Erstellung eines solchen Programms auch an die Wiederholungen in bestimmten Zeiträumen.

Eine Gruppe wirkt energetisch. Sie sorgt dafür, dass du dich nicht einsam fühlst. Sie gewährleistet auch in harten Lernzeiten soziale Kontakte und menschlichen Austausch. Sie sorgt für Motivation und hält dich bei der Stange. Du profitierst von Erfahrungen und Synergieeffekten.

Du behältst Wissen besser, wenn du es an fremden Orten wiederholst. Ortswechsel können beim Lernen helfen. (Das kannst du auch für dich zu Hause testen, wenn du statt im Zimmer einmal in der Küche lernst oder einfach nur vom Schreibtisch zum Bett wechselst.)

Bei gut funktionierenden Gruppen können umfangreiche Stoffgebiete effizient bearbeitet werden, die das eigene Thema unter anderen Aspekten beleuchten. Das hilft dir, dich zu orientieren, Schnittpunkte zu entdecken und dein Wissen zu festigen. Beim Hören oder Lesen besteht immer die Gefahr, dass alles einfach nur

„vorbeirauscht". In dem Moment, in dem du erklärst und selbst aktiv wirst, verankerst du Wissen.

Rollenspiele (wie sie bereits in den Kapiteln 2.5 und 3.4 genannt wurden), Debatten und Diskussionen lassen sich in der Gruppe oder mit einem Lernpartner realisieren. Deine Vorteile:

- Das Lernen macht tatsächlich mehr Spaß.
- Du wirst gefördert und bist gefordert.
- Du merkst dir mehr, weil du Wissen anwendest und es auf außergewöhnliche Weise präsentiert wird.

Gerade Witze und Humoristisches solltest du beim Lernen nicht unterschätzen. Es hilft dir, dich zu erinnern. Gleichzeitig sorgt Lachen für Entspannung und nimmt den Stress aus den Prüfungsvorbereitungen.

4.8 Keine Panik! Vom Umgang mit der Prüfungsangst

Prüfungsangst ist keine Einbildung. Es gibt sie tatsächlich. Manche sind so sehr davon betroffen, dass sie bei schriftlichen Prüfungen kein Wort aufs Papier bekommen, andere berichten von einem regelmäßigen Blackout bei Prüfungen. Einige Tests lassen sich wiederholen, doch bei anderen steht die Immatrikulation auf dem Spiel. Ein erfolgreicher Studienabschluss ist dann nicht mehr möglich. Selbst wenn es nur zu einer schlechteren Note führt, ist ein pathologisches Teilversagen vor der Prüfungskommission mehr als ärgerlich.

Meist wissen Menschen um ihre Prüfungsangst. Hast du Blackouts schon erlebt, bist dir aber nicht sicher, ob du nicht vielleicht doch falsch oder zu wenig gelernt hast? Du solltest rechtzeitig einen Psychologen konsultieren und dich testen lassen. Ein Profi kann individuell einschätzen, wie dir konkret zu helfen ist.

Für alle „normal" Aufgeregten und in Hektik oder Panik Verfallenden gilt: Rechtzeitiges Training hilft auch hier!

Wie kann man Prüfungssituationen trainieren? Vorträge sind perfekt. Je größer die Runde ist, umso besser für dich! Du kannst hier lernen, dich richtig vorzubereiten und vor anderen zu sprechen. Am besten ist es, wenn du ganz frei ohne Zettel sprichst.

Auch das kannst du stufenweise lernen. Arbeite zunächst einen Vortrag aus, so wie du es bisher bei Referaten getan hast, und trage wie immer vor. Gute zwei, drei Wochen später versuchst du, einen Vortrag mit Stichpunktzettel zu halten. Zur Sicherheit kannst du einen Monat später einen Vortrag mit deutlich reduzierten Stichpunkten auf einem kleineren Blatt halten, um in weiteren drei, vier Wochen zum völlig freien Vortrag überzugehen. Stell dich der Diskussion und antworte auf Fragen.

Gut lässt sich dieses Fragen-und-Antworten auch in der Gruppe trainieren, doch du solltest unbedingt auch im größeren Kreis auftreten. Das gibt dir die Möglichkeit, dich an die Situation zu gewöhnen.

Sprich mit deinem Prüfer über deine Ängste und nimm dich selbst ernst. Wenn du dabei verlegen lächelst oder das Ganze wie einen Witz erzählst, kommt die Botschaft nicht an. Das kann dich die Note kosten.

Mit Meditation und Atemtechniken kannst du lernen, dich selbst unter Kontrolle zu bekommen und den Stresspegel zu senken. Nimm dir Zeit, atme tief durch und fokussiere dich zunächst nur auf das Atmen. Du wirst dadurch deutlich ruhiger. Durchdenke anschließend die Frage und antworte.

Hände weg von selbstverordneten Medikamenten! Meist richten Psychopharmaka mehr Schaden an, als dass sie Hilfe bringen. Auch Kräuter können kontraproduktiv wirken. Baldrian beruhigt zwar, doch du wirst davon müde und deine Denkleistung lässt nach.

4.9 Wiederholung, Wiederholung, Wiederholung und Denkanstöße

Wiederholung hilft. Selbst das gute alte Auswendiglernen kann zu positiven Gesamtergebnissen führen. Es ist ein Fehler, stupide zu meinen, alles ließe sich herleiten oder erklären. Manche Vokabeln fremder Sprachen kannst du dir über den lateinischen Wortstamm herleiten, doch bei finnougrischen Sprachen versagt das Konzept. Du musst die Vokabeln auswendig lernen. Das gilt oft auch für Anatomie.

Geh nach dem Lernkartensystem von Leitner vor. Dabei werden Karteikarten systematisch in drei Fächer eingeordnet und gelernt. Zunächst befinden sich alle Karteikarten im ersten Fach und werden täglich wiederholt. Die Karten im zweiten Fach wiederholst du jeden zweiten Tag und die Karten im dritten Fach jeden vierten Tag. Alles, was du kannst, wandert nach hinten. Was dir schwerfällt, wird öfter wiederholt.

Dabei werden die zeitlichen Intervalle zur Festigung des Lernstoffs genutzt, die du im Zusammenhang mit der Ebbinghausschen Kurve kennengelernt hast. Diese Art von Spaced repetition führt zu einer dauerhaften Verankerung von Wissen.

Es gibt auch Lernsoftware auf dieser Basis. Doch das eigenständige Erstellen von Lernmaterialien ist dem Gesamtprozess förderlicher als das passive Sitzen vor dem PC.

Achte auch darauf, dass du simple Copy-and-Paste-Aktivitäten nicht mit Lernen verwechselst. Du kannst diverse PowerPoint-Präsentationen erstellen, ohne wirklich etwas davon zu behalten.

Klassisches Wiederholen bringt dir wesentlich mehr.

Schau dir ruhig vor dem Einschlafen noch einmal wichtige Formeln, Zahlen oder Vokabeln an – du merkst sie dir tatsächlich besser.

Memory in Variationen wurde bereits erwähnt. Erstelle dazu immer ein Paar wie beim klassischen Memory und notiere auf dem einen den deutschen Begriff, auf dem anderen den der

Fremdsprache. Beim Aufdecken liest du den auf der Karte stehenden Begriff laut vor und sagst gleich die Entsprechung in der Fremdsprache dazu. Damit prägst du dir im kurzen Rhythmus eine große Anzahl von Vokabeln ein. Das Spiel lässt sich auch mit Fachbegriffen und Kurzdefinitionen, Ländern und Hauptstädten, Pflanzennamen oder anatomischen Bezeichnungen spielen.

Neben dem gedanklichen Wiederholen und Erinnern solltest du auch das Sprechen und Aufschreiben nicht vergessen. Deine Prüfung wirst du schriftlich oder mündlich ablegen. Darum ist es wichtig, das Schreiben und Sprechen nicht aus den Augen zu verlieren. Außerdem hilft es ebenfalls, sich Zusammenhänge oder Teilaspekte zu merken. Allerdings solltest du tatsächlich mit der Hand schreiben und nicht nur am Rechner tippen. Untersuchungen haben gezeigt, dass die Stabilität der Verankerung von Wissen von der Art der motorischen Aktivität abhängt, die zum Lernen genutzt wird. Langfristig kam es bei denen, die nur getippt haben, zu Verwechslungen und Spiegelungen von Zeichen.

4.10 Der große Tag: dein großer Tag!

Der Tag der Prüfung ist da. Wenn du dich an dein Programm gehalten hast, bist du gut vorbereitet und körperlich fit. Den Abend vor deiner Prüfung solltest du ruhig verbringen und vor allem rechtzeitig zu Bett gehen.

Leg dir alles, was du für den nächsten Tag brauchst, zurecht. Achte auch auf ein passendes Outfit. Kleider machen bekanntlich Leute. Es ist tatsächlich so, dass man in einem Anzug anders geht und steht als in Jeans.

Vor allem fühlst du dich besser, wenn du mit sauberen Fingernägeln und frisch geputzten Schuhen auftrittst. Vermeide alles Auffällige, inklusive stark duftender Parfums. Dazu zählen auch übertriebenes Make-up, eine aufgedonnerte Frisur und ein Übermaß an Schmuck.

Du solltest rechtzeitig aufstehen, um dich in Ruhe vorzubereiten und ein Frühstück einzunehmen. Trinke ausreichend und denk an deine Wasserflasche. Rechne die Fahrzeit mit ein und nimm lieber einen Zug früher oder fahr eher los. Nichts ist schlimmer, als zu spät zu kommen, weil man keinen Parkplatz gefunden hat. Nimmst du das Rad, achte auf die Witterung. Durchnässt und mit schmutzigen Schuhen lässt sich eine mündliche Prüfung schlecht überstehen.

Unterlasse es unbedingt, die Nacht vor der Prüfung noch durchzupauken. Meist macht einen das nur nervös. Etwas anderes sind spontan angesetzte Tests oder Prüfungen. Hier geht es tatsächlich um den Sprint. Deine Chance ist das Kurzzeitgedächtnis. Doch bei Prüfungen wie dem Physikum oder auch dem Abitur solltest du nicht auf solche Aktionen angewiesen sein. Du wirst auch kaum den gesamten Stoff innerhalb einer Woche oder einer Nacht aufnehmen können. Hier ist es besser, sich ein Jahr oder zumindest ein Semester zurückstellen zu lassen.

Entspanne dich direkt vor der Prüfung, und lass dich nicht von Nervosität anstecken. Atme ruhig ein und aus. Hast du vorab Zeit, geh eine Runde über den Campus und nutze den Blick ins Grüne. Sprich morgens auch mit jemandem, um dich einzustimmen. Mit belegter Stimme und einem Räuspern musst du nicht in das Prüfungsgespräch starten.

Etwa zehn Minuten vor Prüfungstermin solltest du dich vor der Tür einfinden. Bedenke, dass die Prüfer auch Menschen sind und wissen, wie du dich fühlst. Es gibt also immer einen kleinen Bonus. Das ist besonders wichtig, wenn man sich verhaspelt oder eine Frage falsch beantwortet. Ruhig, freundlich und respektvoll solltest du der Prüfungskommission begegnen und dein Wissen präsentieren.

10 Punkte zur Prüfungsvorbereitung

1. Ein rechtzeitiger Beginn gibt Zeit für langfristige und solide Vorbereitungen.

2. Beachte die Verbindung von psychischer Verfassung, physischer Konstitution und Lernfähigkeit. Stelle möglichst optimale Verhältnisse her.

3. Achte auf Routinen am Tag – von der Ernährung über Ordnung und Pflege bis zu Sport und Schlaf. Sie verschaffen dir Zeit. Integriere Lernphasen fest in deinen Tag.

4. Bestimme Zeitlimit und Ressourcen nach der Analyse deiner Stärken und Schwächen.

5. Analysiere dein Prüfungsthema und gliedere den Lernstoff.

6. Widme dich rechtzeitig Herausforderungen wie Angst, Panik und Aufgeregtheit. Mit Meditation und Atemübungen bekommst du sie in den Griff.

7. Stelle einen Methodenmix zusammen und lerne allein sowie in der Gruppe.

8. Besuche regelmäßig Veranstaltungen zur Prüfungsvorbereitung wie Tutorien oder Sprechstunden beim Mentor.

9. Wiederhole regelmäßig und in unterschiedlichen Zeitintervallen.

10. Arbeite systematisch langfristig nach Plan und lass dich auch kurzfristig am Tag der Prüfung nicht von deinem Ziel abbringen.

5. Produktiv bleiben in der heutigen Zeit der Ablenkungen

Das Handy klingelt, online läuft die neueste Serie, E-Mails kommen laufend rein. Wer da überall mithalten will, ist schnell völlig außen vor. Der Stress beginnt schon morgens und umgibt einen bis in die Nacht hinein. Nicht nur Mediziner warnen vor den Folgen, auch Lehrer klagen über nachlassende Konzentration bei Schülern und Eltern beobachten ein Zerbrechen des Familienlebens.

Bei all dem Energieaufwand und der Präsenz den Online-Aktivitäten gegenüber bleibt einiges auf der Strecke: Informationen werden nicht hierarchisiert und Tätigkeiten nicht priorisiert. Plötzlich fehlt einem die Zeit, obwohl man immer tätig und rund um die Uhr beschäftigt war.

Diese Non-Stopp-Aktivitäten ziehen noch ganz anderes nach sich:

- Sie trüben den Blick für das reale eigene Leben.
- Sie schwächen die Konzentrationsfähigkeit.
- Sie nehmen die Kraft zum Entwickeln eigener Perspektiven und Pläne.

Gibt es eine Möglichkeit, die eigene Internetsucht in den Griff zu bekommen, sich der allgemeinen Präsenzpflicht zu entziehen und das eigene Leben aktiv selbst zu gestalten? Gerade in Lern- und Prüfungsphasen ist Konzentration wichtig. Wie du dich fokussieren und an Lern- und Lebensqualität gewinnen kannst, erfährst du in diesem Kapitel.

5.1 Von der inneren Haltung

Wie oft checkst du deine E-Mails in der Stunde? Wie oft am Tag schaust du in Chatgruppen? Wie viele unwichtige Telefonate führst du in der Woche? Den meisten ist nicht bewusst, wie viel Zeit sie wirklich jeden Tag vergeuden. Bereits im 1. Kapitel wurde ausführlich auf Handy & Co eingegangen. Wenn du dich in dem Zusammenhang bereits getestet hast, könntest du jetzt den Test wiederholen und dein Medienverhalten einen Tag lang inklusive Zeiten notieren. Du solltest dann bereits eine deutliche Verbesserung bemerken.

Streamingdienste, Social Media und Kurznachrichten beeinflussen dein Denken und stören die Konzentrationsfähigkeit empfindlich. Sie sind wie eine riesige Tüte Chips, aus der du dich ständig bedienst. Gerade in Prüfungsphasen ist das fatal. Dabei spielt nicht nur deine laxe Einstellung eine Rolle, sondern auch dein Hormonhaushalt, dein Gruppenverhalten und deine Erziehung beeinflussen den Umgang mit Handy und Laptop.

Die neurologischen Grundlagen wurden in Kapitel 2 angeschnitten. Das menschliche Gehirn lässt sich konditionieren und trainieren. Doch mit Arealen wie der Amygdala sind urzeitliche Reflexe verbunden, die einem heute im Weg stehen können. Dazu gehören die Angst vor Neuem, die lähmende Furcht und der Fluchtgedanke.

Gleichzeitig wirken Glückshormone wie Dopamin kontraproduktiv – sie sind mit kalorienreichem Essen ebenso verbunden wie mit Bildern von wunderbaren Gerichten. Sie werden beim Sex verstärkt produziert, beim Ansehen von Fotos und Filmen oder bei Berührung und menschlicher Zuwendung, die auch in Form einer E-Mail wahrgenommen wird. Hierbei wird Oxytocin freigesetzt.

Fortpflanzung und Ernährung waren einst elementar, um zu überleben. Heute haben sich die Prioritäten verschoben, doch der Wunsch nach Erfüllung ist geblieben und wird, individuell unterschiedlich stark ausgeprägt, in verschiedenen Graden beherrscht. Denn wird dem Drang nicht nachgegeben, setzt Stress durch eine vermehrte Cortisol-Ausschüttung ein. Wie bei einer Sucht muss die Menge erhöht werden, um das Glücksgefühl wieder zu erreichen.

Diese natürliche Hormonproduktion lässt sich nicht unterbinden. Internet- und Social-Media-Plattformen nutzen das für ihre Zwecke. Doch bist du ihnen wirklich völlig ausgeliefert? Was du tun kannst, ist, dich so zu trainieren, dass du Handy und Internet temporär vollkommen ausschaltest. Du kannst lernen, dir deinen Kick auf andere Weise zu holen. Wie beim Verzehren von Chips gibt es eine Grenze, die sich jeder selbst setzt.

Indem du dein Leben und seine tägliche Gestaltung bewusst in die Hand nimmst, kannst du dir auch deine Souveränität gegenüber den Medien sichern.

Auf die Möglichkeiten, sich seelischen Ausgleich durch Sport, Meditation und bewusste Ernährung zu schaffen, wurde bereits eingegangen. Du schaffst es damit, Glückshormone als Antrieb zum realen Arbeiten und zur Steigerung deiner Produktivität zu nutzen. Du kannst deine technischen Geräte sogar so einstellen, dass ein Monitoring deiner Onlinetätigkeit stattfindet und dass sie sich selbst um eine bestimmte Uhrzeit ausschalten.

5.2 dein Weg zur Eigenständigkeit

Bei ausreichender Willensstärke gibt man Menschen in der Regel sechs Monate, um sich „umzuprogrammieren“. Das ist die Zeit, die gebraucht wird, um neue Lebensgewohnheiten zu etablieren und synergetische Effekte zu spüren. Vorausgesetzt wird dabei, dass man tatsächlich sein Leben verändern und an einer Sache arbeiten möchte. Eine Speed-Umstellung gibt es nicht.

Vergleichbar ist der Prozess mit Diäten. Manche versprechen in kürzester Zeit wahre Wunder, doch eine wirksame Ernährungsumstellung ist immer langfristig ausgelegt und mit flankierenden Maßnahmen verbunden, damit das Gewicht dauerhaft gehalten werden kann.

Radikalkuren helfen dir nicht, wenn du wirklich nachhaltig etwas erreichen möchtest. Das wäre so, als würdest du von heute an nur noch Mandarinen essen. Die Früchte an sich sind gesund, doch du ernährst dich damit nicht vollwertig, sondern einseitig.

Es ist also nicht sinnvoll, komplett auf Handy und Rechner zu verzichten. Es geht auch nicht darum, sich komplett aus den Sozialen Medien zu verabschieden. Es geht um das Maß und die Art und Weise des Umgangs mit den Medien.

In vielen Familien gibt es einen Trick: Das Handy wird einfach im Hausflur abgelegt. Damit unterbleibt das Checken von Nachrichten beim Abendbrot automatisch, und auch der sonstige Konsum schränkt sich ein. Wer läuft schon vom Kinderzimmer regelmäßig zur Kommode im Korridor? Probier das einmal eine Woche lang aus. Du wirst erleben, dass du plötzlich sehr viel freie Zeit hast, die du anders verwenden kannst.

Mit einem bewussten Medienkonsum wächst du innerlich. Du bekommst deine Souveränität zurück und die Herrschaft über deine Zeit. Das macht dich stark und gibt dir die Möglichkeit, die nächsten Schritte zu planen, um deine Lernweise zu optimieren.

Wenn du mit diesem Buch gearbeitet hast und bis zu dieser Stelle gekommen bist, sind dir bereits viele Dinge gelungen:

- Du kannst deine Ziele benennen.
- Du hast verschiedene Techniken der Selbstmotivation kennengelernt.
- Du weißt, wie Planungen funktionieren.
- Du kennst verschiedene Lerntechniken.

Vor allem hast du gelernt, nicht bei Planungen und Vorsätzen stehenzubleiben, sondern zu handeln. Das Tun ist der zentrale Punkt. In dem Moment, in dem du dich aktiv mit deiner Situation und deinen Zielen auseinandersetzt, gewinnst du. Hast du lediglich die Absicht und konsumierst wahllos sogenannte Lernhilfen, bleibst du bei den guten Vorsätzen hängen.

Diese Krux ergibt sich bei allem, was einem oft als sinnvolle Investition in die Zukunft nahegelegt wird. Eine ganze Industrie beschäftigt sich damit. Bei genauem Hinsehen entpuppen sich viele der „Lernhilfen" als reiner Konsum. Du bekommst das Gefühl, dass du erfolgreiches Lernen kaufen kannst.

Doch ohne Anstrengung und Eigeninitiative wirst du deine Ziele nicht erreichen. Darum ist es besser (und preiswerter), seinen eigenen Kopf anzustrengen und sich ein individuelles Konzept zu erarbeiten. Dazu brauchst du zunächst nicht mehr als deine Lehrbücher, den Unterricht sowie Stift und Papier.

5.3 Was ist wichtig?

Du kannst dich in Beschäftigungen verlieren, ohne ein handfestes Ergebnis zu erzielen. Besuchst du noch die Schule, bist du in einer komfortablen Situation: dein Grundplan existiert bereits und die Ziele sind schon definiert. Du hast einen Stundenplan, kennst deine Prüfungsfächer und die Bereiche der Prüfungsaufgaben.

Im Studium wird es schon etwas komplizierter. Du solltest dir lange Orientierungsphasen nach Möglichkeit sparen. Nimm dir den Studienplan vor, besuche alle notwendigen Grundkurse und arbeite als Pflicht ab, was du für die Bachelor-Prüfungen benötigst. Bleibt dir darüber hinaus Zeit, kannst du als Kür einen oder zwei Kurse dazu belegen. Doch achte von Anfang an darauf, dich nicht zu verzetteln!

Im späteren Leben entfällt der Luxus der Vorgaben. Jetzt bist du dein eigener Chef und musst alleine entscheiden, in welche Richtung deine weitere Entwicklung und Karriereplanung laufen soll. Das Benennen von Zielen musst du nun alleine vornehmen. Du kannst, wenn das mit deinen Zielen vereinbar ist, an ein System andocken, wie es Weiterbildungsmaßnahmen oder Sprachkurse bieten, oder du erstellst dir einen eigenen Plan, den du konsequent schrittweise verfolgst.

Eine beliebte Frage bei Bewerbungsgesprächen ist: „Wo siehst du dich in zehn Jahren?“ Diese Frage solltest du dir selbst stellen und dir beizeiten überlegen, wo du hin möchtest. Lernen und Karriereplanung sind eng miteinander verzahnt. Du kannst deinen Weg immer korrigieren, doch sei dir bewusst, Zeit kommt niemals zurück.

In der Jugend bist du relativ frei von Belastungen. Du musst dich weder um eigene Kinder noch um eine Firma oder das Geldverdienen kümmern. Das ist eine fast paradiesische Phase, die du mit einer Menge Unterstützung von verschiedenen Seiten zum Lernen und für deine Ausbildung nutzen kannst. Selbst wenn dir nicht alle Komponenten ideal erscheinen, überwiegt das Positive. Tritt einmal zurück und überblicke das Setting: Allein der kostenlose Besuch der Schule und die Möglichkeit verschiedener Abschlüsse sind im wahrsten Sinne des Wortes Gold wert. Auch wenn deine Ausgangsbedingungen nicht die besten sein sollten, es gibt immer Möglichkeiten, die du nutzen kannst. Verliere dich daher nicht in Ausreden.

Später nehmen die Belastungen zu: Du musst für deinen Lebensunterhalt aufkommen. Bildung ist zunehmend an materielle Investitionen gebunden. Kommen Kinder und Familie hinzu, schränkt sich deine verfügbare Zeit immer weiter ein. Doch selbst in diesen Phasen hast du Möglichkeiten, dich zu entwickeln. Du musst nun allerdings selbst planen und dich fokussieren. Dazu ist erheblich mehr Energie erforderlich.

Um hier weiterzukommen, wendest du das erlernte Prinzip an:

- Du setzt dir ein Ziel.
- Du überblickst deine Ressourcen.
- Du erstellst einen Plan mit abhakbaren Zwischenzielen.
- Du startest sofort.

Die Prioritäten können individuell differieren. Sie hängen von Ziel, Ressourcen und Umständen ab. Wenn du ein Kind hast, kannst du es nicht einfach ignorieren und dafür andere Prioritäten setzen.

Du musst deine Familie mit in deine Planung einbeziehen. Sie kann sogar zum Booster, zur treibenden Motivation werden, die dir hilft, Dinge richtig anzupacken: Zum Beispiel muss nicht jede Prüfung mit einer Eins bestanden werden, wenn es „nur" darum geht, weiterzukommen und einen Abschluss zu erlangen.

Bewirbst du dich jedoch für ein Stipendium, ist ein sehr guter Notendurchschnitt erforderlich. Gleichzeitig erwirbst du für dich und deine Familie temporär materielle Unterstützung, die das Lernen und Leben insgesamt leichter macht.

5.4 Ablenkung Ade!

Vier Aspekte solltest du beachten, wenn du dich mit Medien und Technologien auseinandersetzt:

1. Die **Effizienz** des Umgangs mit ihnen. Ganz auf Technologien zu verzichten, ist nicht sinnvoll. Du kannst sie effektiv nutzen, doch du solltest zwischen sinnfreiem Herumspielen und effizienter Nutzung unterscheiden. Das eine raubt dir Zeit und Energie, das andere verschafft dir Zeit und reduziert deinen Energieaufwand.

2. Eine medienfreie Zeit ist wichtig, um den eigenen Kopf anzustrengen und das Gehirn zu trainieren. Verstehe diese Zeit nicht als erzwungene Abstinenz, sondern als Chance und Befreiung. Vielleicht ist es dir schon aufgefallen, dass in den Führungsetagen die Handys öfter aus sind und die Vorzimmerdame noch lange nicht ausgedient hat. Was bedeutet das? Warum sind diese viel beschäftigten und effizient arbeitenden Männer und Frauen nicht oder nur per Termin zu erreichen? Es geht darum, sich **störungsfreie Arbeitszeit** zu verschaffen und diese intensiv zu nutzen. Das kannst du auch!

3. Handy und Social Media sind für die meisten Jugendlichen verpflichtend. Über Chatgruppen läuft nicht nur der private Austausch, sondern sogar der fachliche. Niemand sagt, dass du dich ausschließen oder sozial isolieren sollst. Ganz im

Gegenteil: **Manage** auch **deine sozialen Kontakte** geschickt, indem du dir Zeit nimmst. Diese Zeit solltest du jedoch bewusst einteilen. Überlege, wann es sinnvoll ist, aufs Handy zu schauen: Gibt es Zeiten für Chatgruppen, die zu beachten sind? Gibt es so etwas wie eine Rushhour? Ist es zum Beispiel die Zeit nach 16.00 oder 18.00 Uhr, wenn alle Schulschluss haben? Nimm dir dafür bewusst Zeit, und kümmere dich um E-Mails und Nachrichten. Während des Unterrichts oder der Seminare sollte das Handy ausgeschaltet sein. Arbeitest du mit dem Laptop, solltest du es auf jeden Fall so einstellen, dass du nicht von eintreffenden Nachrichten abgelenkt wirst.

4. **Entspannungszeit ist zur Entspannung da**. Das Spielen mit Handy gehört nicht dazu. Das beliebte „Mit-dem-Handy-auf-dem-Sofa" solltest du kritisch sehen. Rational wirst du erfassen, dass Ablenkung etwas anderes ist als Entspannung. Dir wird auch der Unterschied zwischen Ausruhen und Mit-dem-Handy-Spielen klar sein. Wenn du abschalten willst, triff dich mit Freunden oder nutze die Zeit, um an die frische Luft zu gehen. Doch vermeide den schnellen Griff zum Handy. Überlege immer: du gibst deine Zeit dafür aus. Welchen Gegenwert erhältst du? Wenn du für jede Minute bezahlen müsstest, was würdest du tun: dich um dein körperliches und psychisches Wohlergehen kümmern, oder eine Informationsflut kaufen, die du weder brauchst noch verarbeiten kannst?

5.5 Abschalten, aber richtig!

Auf den Umgang mit Freizeit ist immer wieder eingegangen worden. Aktive Erholung wirkt, als sei auch diese Zeit noch „verplant". Doch verändere einmal die Perspektive und schau dir an, was du bisher in deiner freien Zeit gemacht hast. Vielleicht bist du bereits sehr strukturiert und bewusst und lernst ein Musikinstrument, gehst zum Sport oder zum Tanzen. Vielleicht fühlst du dich aber auch unruhig und rastlos. Erinnerst du dich an die Wirkung von Hormonen? Die Ursachen können in diesem Bereich liegen, die eigentlichen Ursachen liegen aber auch bei dir:

Du kannst deinen Hormonhaushalt beeinflussen. Nicht mit Medikamenten, sondern mit Aktivitäten.

Sport ist ein zentrales Thema, wenn es um körperliche Konstitution und seelische Ausgeglichenheit geht. Beim Sport erlebst du, wie sich dein Körper verändert und du Schritt für Schritt bessere Leistungen erzielst. Das Tolle ist: diese Praxis bestimmst du selbst, und du erkennst auch die Vorteile rasch. Du spürst die positive Veränderung. Gleichzeitig reagiert dein Hormonhaushalt. Und vor allem passiert auch eins: Du musst ehrlich zu dir selbst sein und erkennst den Wert der ehrlichen Anstrengung. So wirst du jenseits von Eltern und Lehrern zu deinem eigenen Coach.

Du magst keinen Sport? Damit stehst du nicht allein. Doch auch wenn man kein Obst mag, muss man Vitamine zu sich nehmen. Du solltest dich daher fragen, welche Sportart für dich infrage kommt. Meistens ist es das Laufen, oder man beginnt mit Gymnastik. Beides lässt sich gut in den Tag integrieren und verstärkt die Struktur, die dir hilft, dein Ziel zu erreichen. Übernimm dich nicht und beginne mit wenigen Minuten, die du aber täglich durchhältst. Notiere dir jeden Tag, ob du deine Übungen absolviert hast oder nicht.

Schlaf wird oft unterschätzt. Du solltest jede Nacht sechs bis acht Stunden schlafen. Handy und Laptop haben dabei nichts im Bett zu suchen. In der Nacht regeneriert sich der Körper. Gerade in Prüfungszeiten ist das wichtig: du musst ausgeschlafen sein, um Leistung zu bringen.

Was ist, wenn du nicht einschlafen kannst? Hände weg von Tabletten! Prüfe, woran es liegt: Machst du dir Sorgen? Grübelst du? Bist du zu aufgeregt?

Ein paar simple Gründe sind, dass zu spät gegessen wird und dass du zu spät den Rechner ausschaltest. In der Tat hält dich das blaue Licht des Rechners länger wach. Es fällt dir dann schwer, in den Nachtmodus zu wechseln und Ruhe zu finden. Probiere einfach, um 18.00 Uhr Abendbrot zu essen und spätestens um 21.00 Uhr deinen Rechner auszuschalten. Das Ergebnis wird dich verblüffen.

5.6 Vom Rhythmus

Mit Rhythmus und Vorgaben fällt vieles leichter. Dabei kommen ein gleichmäßiger Schritt und die Kenntnis der Stationen bis zum Ziel zusammen. Das ist ähnlich wie beim Wandern: du findest deinen Rhythmus.

Lass dich auch beim Lernen durch die Struktur tragen. Wenn du genau weißt, wie dein Tag abläuft, gibt dir das Sicherheit, und dein Körper stellt sich darauf ein. Lange wurde diese Art von Struktur abgelehnt – das wäre Zwang. Doch wenn du genau hinschaust, findest du diesen „Zwang“ bei allen Sportarten, beim Yoga, bei jedem Koch- und allen Erfolgsrezepten.

Wie kommst du zu einem eigenen Rhythmus? Wie findest du deinen Schritt? Planung ist das eine, das andere ist die Umsetzung in kleinen Schritten. Da hast du schon den ersten Ansatz: Teilziele sind wie Schritte. Sie sollten mit einem möglichst gleichmäßigen Arbeitspensum verbunden sein, damit du sicher sein kannst, dass du sie in der vorgegebenen Zeit bewältigst.

Damit löst du mehrere Aufgaben:

1. Du näherst dich deinem Hauptziel.

2. Du trainierst dich psychisch und physisch.

3. Du lernst und erweiterst gleichzeitig die Möglichkeiten, dir neue Kenntnisse zu erschließen, denn Wissen potenziert sich.

4. Du gewinnst an Selbstbewusstsein.

5. Du bekommst dein Leben in den Griff und schaffst dir selbst Planungssicherheit.

Denn diesen Rhythmus kannst du auf verschiedene Gebiete übertragen und dort anwenden. Es ist ein Prinzip, das dich und deine Arbeitsweise, wenn du es einmal erlernt hast, prägt.

Übertrage es einmal auf dein Taschengeld. Setz dir ein Sparziel, und definiere in kleinen Teilschritten bzw. Teilzielen, wie viel du jede Woche zurücklegst. Hast du dein Ziel erreicht, belohne dich mit einer kleinen Zeichnung oder einem Sternchen in deinem Kalender. Drohst du dahinter zurückzufallen, zeichne einen roten Blitz oder Ähnliches.

Das klingt albern? Probiere es einmal aus. Das System von Lob und vor allem „Strafe“ funktioniert tatsächlich. Hast du zwei Monate lang dein Wochensparziel erreicht, dann erweitere die wöchentliche Sparsumme. Du näherst dich nun in schnellerem Maße deinem Hauptziel als ursprünglich geplant. Das ist eine Motivation und ein enormer Ansporn.

Du zeigst dir selbst, dass du etwas kannst, und so findest du den Antrieb, immer höher gesteckte Ziele zu erreichen. So lässt sich langfristig eine beachtliche Summe zusammensparen, mit der du dich für deine Mühen entlohnen kannst. Wichtig ist, dass du anfängst!

Analog sieht es mit Fitness, Gewicht oder Ähnlichem aus. Das Faszinierende ist, dass sich diese verschiedenen Gebiete, die nicht direkt etwas miteinander zu tun haben, gegenseitig ergänzen und positiv beeinflussen. Du veränderst damit deine Persönlichkeit und deine innere Haltung. Aus einem Skeptiker, jemandem, der eher zurückblickt oder einem Zauderer wird ein Macher, der den Erfolg im Blick hat.

5.7 Schlafen, trinken, essen und dann?

Tatsächlich kann dein natürlicher Rhythmus dir eine Grundstruktur vorgeben. Auf den Wert des Schlafes wurde bereits eingegangen. Richte dir deinen Schlafplatz so ruhig wie möglich ein. Vermeide alles Grelle und Auffällige, sodass du tatsächlich ruhig ein- und durchschlafen kannst. Wenn es möglich ist, achte auf eine gute Matratze oder wähle ein Futon, den du regelmäßig wendest. Wenn es geht, schlaf das ganze Jahr über bei offenem Fenster. Wähle Naturmaterialien wie Seide, Baumwolle und Leinen für dein Bettzeug. Das Material „atmet", nimmt Feuchtigkeit auf und sorgt für ein angenehmes Binnenklima.

Viele klagen über Kopfschmerzen und Müdigkeit. Lernen ist Arbeit. Wer nicht auf sich achtet, kann nicht leistungsfähig agieren, nicht trainieren und sich auch nicht konzentrieren. Trockene Heizungsluft und zu warme, volle Räume, die zu selten gelüftet werden, kommen erschwerend hinzu. Ein Grund mehr, um achtsam mit sich selbst umzugehen.

Den Tag über ausreichend zu trinken, ist ein Muss. Lass die Hände von Cola & Co, vermeide Aufputschgetränke und Energydrinks. Setze auf Wasser, Tee und verdünnte Fruchtsäfte. Du versorgst damit deinen Körper mit ausreichend Flüssigkeit und löschst deinen Durst. Kalorienreiche Zuckergetränke wirken eher kontraproduktiv als dickmachende Vitaminkiller. Pro Tag solltest du etwa 1,5 bis 2 Liter trinken.

Ernährung ist ein großes Thema. Du musst dich nicht rund um die Uhr fragen, ob alles wirklich vegan und glutenfrei ist, was du zu dir nimmst, doch du solltest dich vollwertig und abwechslungsreich ernähren. Mit dem Frühstück beginnt der Tag. Nimm dir Zeit dafür und bereite es am besten schon am Vortag zu. Achte auf ein leichtes Mittagessen, damit du Energie für die nächsten Stunden bekommst, und nimm abends rechtzeitig um 18.00 Uhr dein Abendbrot ein. Lass dich vom Hausarzt zu Ernährungsfragen beraten. Dein Bluttest vom Gesundheitscheck verrät, ob dir Vitamine oder Spurenelemente fehlen.

Wenn du dir deinen Tagesablauf als Kreis vorstellst, der 24 Stunden umfasst, dann ergibt sich bereits eine vorgegebene Struktur, der du folgen und die du optimieren kannst: Zu den 8 Stunden Schlaf kommen etwa 1,5 bis 2 Stunden für die Einnahme des Essens dazu. Für Wege und Fahrten rechnest du noch einmal 2 Stunden (oder weniger) ab. Es bleiben also etwa 11 Stunden, die du effektiv und effizient nutzen kannst, um dein Lernziel zu erreichen. Die Unterrichtszeit ist in dieser Stundenanzahl noch enthalten. Ziehst du noch einmal 6 oder 7 Stunden Unterricht ab, bleiben dir kostbare 5 bis 6 Stunden, die du klug für deine Lernroutinen und deine

Entspannung einteilen solltest. Diese Zeit sollte dir enorm wichtig sein, wenn du dein Ziel erreichen willst.

5.8 Immer wieder hinterfragen

Evaluiere dich regelmäßig selbst und schau, was du bereits kannst und schaffst. Dazu hast du dein großes Ziel und die jeweiligen Teilziele vor Augen. Du solltest dir Woche für Woche überlegen, welches Teilziel du erreichen willst und dir Aufgaben für die einzelnen Tage zuteilen. Das hört sich kompliziert und aufwendig an, ist aber ganz einfach umsetzbar, wenn du es dir einmal angewöhnt hast.

Du willst eine Physikprüfung am Ende des Jahres absolvieren. Du hast 12 Monate vor dir, um zu lernen und dich vorzubereiten. Zunächst musst du genau in Erfahrung bringen, welche Anforderungen gestellt werden. Als nächstes sind die Termine für Konsultationen wichtig. Trage sie in deinen Plan ein. Gibt es ein Tutorium oder eine Lerngruppe, der du dich anschließen kannst? Wenn nicht, dann gründe eine. Legt gemeinsam einen festen Wochentag und eine bemessene Zeit für die Treffen fest.

Jetzt hast du alle Rahmendaten beisammen:

- Prüfungsthema
- Prüfungsumfang und Anforderungen
- Konsultationstermine
- Lerngruppe und regulärer Physikunterricht

Analysiere das Thema regelmäßig. Was kannst du bereits? Wo bist du unsicher? Was kannst du überhaupt nicht? Zu Beginn der Lernphase wird die Antwort wahrscheinlich „Nichts, überall und alles“ sein, doch im Laufe der Zeit wird sich dies ändern.

Unterteile den zu lernenden Stoff sinnvoll und so, dass du jede Woche einen Abschnitt schaffst. Den Stoff für die Woche gliederst du auf ein bis zwei Stunden auf sechs Tage verteilt auf. Übertrage diese Aufteilung in deinen Kalender und hake dein Pensum jeden Tag nach der Bearbeitung ab.

Du bist schneller fertig geworden und hast auch schon ausgiebig wiederholt? Dann kannst du dein Pensum schrittweise aufstocken und dich auch anderen Themen widmen. Musst du mehrere Fachprüfungen vorbereiten, vereinbare mit dir selbst Intensivlernzeiten für Lernstoff, den du nicht so gut kannst.

Was ist, wenn du dein Pensum nicht erfüllst? Stelle fest, woran es liegt: Hattest du viel zu tun, oder beherrschst du Grundlagen nicht? Wenn du einen Tag nicht ganz hinkommst, kannst du es den nächsten Tag ausgleichen und schaffst das Wochenziel doch noch. Hast du grundsätzliche Verständnisprobleme, musst du handeln: Sprich mit deinem Lehrer und such dir Unterstützung. Sprich offen über dein Problem mit deiner Lerngruppe. Eine Nachhilfe solltest du vorab genau prüfen. Oft tritt der gleiche Effekt ein wie beim Kauf von Lernmitteln. Man meint, man habe sehr viel investiert, doch Wissen muss man aktiv erwerben – man kann es nicht einfach kaufen.

Übertragen auf andere Fachgebiete oder größere Ziele funktioniert das Prinzip immer nach demselben Schema:

- Definiere dein Ziel.
- Definiere die Teilziele.
- Analysiere Ressourcen, Wissensstand und Zeit.
- Setze die Teilziele ins Verhältnis zur vorhandenen Zeit und zu deinem Wissen.
- Entwickle einen Monats-, Wochen- und Tagesplan.
- Erfasse deine Tages- und Wochenleistung.
- Evaluiere deinen Einsatz.

- Korrigiere die Tages- und Wochenleistung, um mehr Wissen in kürzerer Zeit zu erwerben oder Lücken rechtzeitig auszugleichen.

5.9 Ziele klar definieren

Wichtig ist vor allem, dass du deine Ziele klar umrissen definierst und benennst. Während der Schulzeit und im Studium ist das recht einfach. Die Richtung ist bereits vorbestimmt, die Grundplanung liegt mit Lehr- und Studienplan vor, die Ziele sind definiert, die Teilziele auch. Es kommt auf dich an, ob du dieses Planungstraining effizient für dich nutzen und nachvollziehen willst oder ob du es einfach an dir vorbeirauschen lässt.

Rauscht es nur vorbei, verlierst du Zeit. Nutzt du dieses Training, kannst du viele verschiedene Dinge für dich lernen:

- Du kannst herausbekommen, unter welchen Bedingungen du am besten lernst.
- Du lernst deine Stärken und Schwächen kennen.
- Du erkennst vielleicht, was du für dich optimieren und verbessern kannst.
- Du kannst den Trainingsmodus in der Schulzeit zum Ausprobieren und Experimentieren nutzen.
- Du kannst lernen, Lehrstoff zu gliedern, sodass Ziele und Teilziele entstehen, und dir entsprechende Deadlines setzen.

In der Schule und der Universität sind mit den Zielen auch die Zeitpläne weitestgehend definiert. Du kannst und solltest das für dich nutzen und auf deine eigenen Projekte übertragen. Teste dich, wenn du einen Finanz- und Sparplan aufstellst. Überlege dir, wie du zu einer stabilen Gesundheit und mehr Fitness kommst oder wie du eine große Reise vorbereitest. Dabei lernst du auch, dich auf Zeiträume einzustellen und innerhalb dieser Phasen deine Fokussierung beizubehalten.

Vor allem merkst du auch, was du alles erreichen kannst. Das gibt dir den Mut und die Selbstsicherheit, deine Planungen auszudehnen. In der Schule überschaust du entwicklungsbedingt erst nur maximal ein Jahr. In den höheren Klassen erweitert sich der Zeitraum bereits: du willst einen bestimmten Abschluss erreichen. Viele wollen sogar einen bestimmten Notendurchschnitt bekommen.

Hier kannst du bereits abschätzen, welche Fähigkeiten schon ausgebildet wurden: Lässt du den Abschluss einfach auf dich zurauschen, oder gibt es eine klare Vorstellung, wozu dein Abitur dienen soll und welche Zensuren du dazu brauchst?

An der Universität bist du schon etwas mehr gefordert. Es gibt keine Halbjahresnoten und keine Lehrerin, die deine Eltern anruft, wenn du nicht bei der Stange bleibst. Da fällt es leicht, ein Seminar zu schwänzen oder Arbeiten vor sich herzuschieben. Alles, woran du dich orientieren kannst, sind der Studienplan und die Prüfungen. Nutze diese Struktur, und du planst bereits über einen Zeitraum von etwa vier bis fünf Jahren hinweg. Das bedeutet auch, dass du dich immer wieder motivieren und vergewissern musst, ob du noch im Zeitplan liegst und deine Leistungen stimmen.

Dieses Schema erweiterst du um den Eintritt ins Berufsleben und die gezielte Suche nach einem Job. So kannst du deine Karriere bewusst weiterplanen und dir entsprechende Ziele für Beruf und Privatleben setzen.

5.10 Vom Wert der Vorbilder

Du bist nicht allein und musst das Rad nicht noch einmal erfinden. Das fühlt sich nicht immer so an. Manchmal ist es ganz schön einsam auf dem Weg, und man wird unsicher, ob man es überhaupt schaffen kann. Dann ist es wichtig, Orientierungspunkte zu haben. Zum einen sind das dein Ziel, deine Teilziele und dein Plan, zum anderen sind das Vorbilder.

Von Vorbildern kannst du lernen. Es gibt sie vielleicht sogar in deiner direkten Umgebung. Ein Lehrer oder Trainer, der besonders engagiert und zielorientiert ist, oder ein Familienmitglied, das inspirierend auf dich wirkt, kann ein Vorbild sein. Du solltest dich mit Biographien von erfolgreichen Wissenschaftlern, Sportlern, Geschäftsleuten und Künstlern befassen. Hier findest du viele Erfahrungen und Hinweise, die du für dich nutzen kannst. Während bei den einen Poster von Popstars hängen, kannst du dich für innovative Persönlichkeiten entscheiden.

Sammle Zitate, die dich besonders beeindrucken, und notiere sie dir zur eigenen Inspiration. Lass dich motivieren, indem du dir ein Leitmotto auswählst. Du lernst auf diese Weise, dich zu fokussieren, und kannst vielleicht Fehler vermeiden.

Von den Großen zu lernen, kann dich weiterbringen und dir helfen, dich besser in der Welt zu verorten und deine Möglichkeiten zu erkennen. Es ist eine Chance, die du ergreifen und selbst erarbeiten kannst, um weiterzukommen.

Du erschließt dir damit Wissen über die Zeit, über das Leben und das Entwickeln und Umsetzen von Ideen. Du erfährst etwas darüber, wie man Widerstände überwindet und was man mit Mut und Ausdauer alleserreichen kann.

Kurzer Überblick: Wie bleibst du produktiv?

1. Definiere dein Ziel und überprüfe regelmäßig, ob du noch auf dem richtigen Weg bist.
2. Schalte Ablenkungen und Zeitfresser bewusst aus und fokussiere dich.
3. Übernimm Verantwortung für dein Leben und das Erreichen deiner Ziele.
4. Nutze gegebene Strukturen und ergänze sie mit deinen eigenen.
5. Such dir Vorbilder und lerne aus ihren Biographien.
6. Wähle dir ein Motto, das dich inspiriert und motiviert.
7. Such dir eine Gemeinschaft zum Lernen.
8. Erweitere deine Ziele sukzessive bis zur langfristigen Karriereplanung.
9. Verbinde Gesundheit und Fitness mit deinen Lernzielen und wandle Gewohnheiten in positiv ausgerichtete Routinen um.
10. Gestalte dein individuelles Konzept und evaluiere das Erreichen deiner Ziele so, dass es zur Motivation und zum Antrieb wird.

Resümee

Lernen ist ein Prozess, der dich ein Leben lang begleitet. Es ist das, was du jeden Tag automatisch und unbewusst tust. Zwei Dinge sind jedoch wesentlich, wenn du Erfolg haben willst:

Du solltest bewusst lernen.

Du solltest gezielt lernen.

Damit optimierst du den Prozess, der unbewusst und unbemerkt abläuft, und du lernst, ihn bewusst zu steuern. Denn du nimmst nicht nur Positives auf. Viele unangenehme Angewohnheiten, die dich langfristig hemmen, hast du dir gemerkt, du hast sie erlernt und verankert.

Indem du dich mit dem Lernprozess auseinandersetzt, kannst du:

- diese Angewohnheiten ablegen
- dich fokussieren
- positive Angewohnheiten als Routinen annehmen
- deine Lernziele erreichen

Du hast erkannt, wie du mit der Koordination deiner Tagesstruktur dein Lernverhalten positiv beeinflussen kannst, und welche Bedeutung Planung in deinem Leben haben sollte. Indem du deinem Alltag Struktur gibst, schaffst du dir ein Konstrukt, das dich trägt und dir das Lernen insgesamt und in Prüfungsphasen erleichtert.

Durch die ganzheitliche Organisation wächst du innerlich und erlangst immer mehr Souveränität über deinen Bildungsweg. Aus jemandem, an dem die Schulstunden fast sinnlos vorbeirauschen, wird jemand, der Wissen effizient aufnimmt, verarbeitet und einsetzt.

Damit gelingt es dir, Schule und Studium aus einer neuen Perspektive als Chance zu begreifen, die du für dich und nach deinen Vorstellungen nutzen kannst.

Nach der Lektüre dieses Buches solltest du eine Grundanleitung erhalten haben, die sich genau auf deine individuelle Situation übertragen lässt, und du solltest Anregungen bekommen haben, die du ausprobieren und weiterentwickeln kannst.

Einen allgemeingültigen Königsweg des Lernens, der wie eine Zauberformel wirkt, gibt es nicht. Doch über die Jahrhunderte lassen sich Lernbiographien verfolgen, von denen du profitieren kannst.

Sie geben dir die Möglichkeit, Allgemeingültiges zu modifizieren, und sie regen dich an, deine Wege zum Lernen und Studieren zu finden. Dabei sind es immer drei Punkte, die sich herauskristallisieren:

- eine geordnete, gesunde Lebensführung mit ausreichend Schlaf, Bewegung, ausgewogener Ernährung und achtsamen Entspannungsphasen
- ein strukturierter Tag mit festen Lernzeiten
- ein stetiges Lernen mit Wiederholungen, der schrittweisen Verbindung von Neuem mit Bekanntem und innovativen Ansätzen

Nimmst du für dich eine Perspektive ein, die Lernen als positiv definiert, fällt es dir wesentlich leichter, dich motiviert mit Anforderungen auseinanderzusetzen. Das Lernen für die Schule, fürs Studium und für Prüfungen wird dann nicht mehr als unliebsame, erschreckende Herausforderung gesehen, sondern als eine Chance, die sich dir bietet.

Du gewinnst damit an innerer Haltung und findest deinen Weg trotz Ablenkungen und Hindernissen. Dein Selbstbewusstsein entwickelt sich und eine innere Haltung entsteht, die dich befähigt, Verantwortung für dich und dein Leben zu übernehmen. Diese Stärke macht es möglich, dass du die Kraft findest, dir gestellte

Aufgaben nicht wie gewohnt abzulehnen, sondern anzupacken und Lösungen zu finden.

Wenn du den Übungen und Anregungen in diesem Buch gefolgt bist, hast du gemerkt: Erfolg ist planbar. Gehst du schrittweise vor und unterteilst große Projekte in Teilschritte, kannst du in vorgegebener Zeit deine Ziele erreichen. Diese einfache Methode begleitet dich, wenn du sie einmal verinnerlicht hast, dein Leben lang, und gibt dir die Möglichkeit, effizient und erfolgreich zu lernen.

Literaturverzeichnis

Berlit, Peter: Neurologie. Wegweiser. Springer 1996.

Hofmann, Eberhardt; Monika Löhle: Erfolgreich Lernen: Informationen für Betroffene, Eltern, Lehrer und Erzieher. hogrefe 2016.

Medina, John: Gehirn und Erfolg. Springer 2009.

Metzig, Werner; Martin Schuster: Lernen zu lernen. Springer 2006.

Stickel-Wolf, Christine; Joachim Wolf: Wissenschaftliches Arbeiten und Lerntechniken. Springer 2015.

Tarpy, Roger M.: Lernen. Springer 1979.

Thompson, Richard: Das Gehirn. Springer 2001.

Impressum

Dennis Ehrmann wird vertreten durch:

Dieter Wilk

Herzenhaldenweg 17/1

73095 Albershausen

Baden-Württemberg

E-Mail: wilkd@web.de

Korrektorat/Lektorat: Iris Pilzer

Covergestaltung: Fiverr guyman20

Coverbilder: Shutterstock

Druck: Amazon Distribution GmbH, Leipzig

ISBN: 978-3-949072-53-6 Taschenbuch

978-3-949072-54-3 E-Book

978-375154-01-5 Gebunden

Haftungsausschluss:

Dieses Werk wurde mit größter Sorgfalt nach bestem Wissen und Gewissen erarbeitet und niedergeschrieben. Für die Aktualität, Vollständigkeit und Qualität der Informationen übernimmt der Autor und Herausgeber jedoch keinerlei Gewähr. Auch können Druckfehler und Falschinformationen nicht vollständig ausgeschlossen werden. Für fehlerhafte Angaben vom Autor kann keine juristische Verantwortung sowie Haftung in irgendeiner Form übernommen werden.

Printed in Poland
by Amazon Fulfillment
Poland Sp. z o.o., Wrocław

70298392R00063